プリント形式のリアル過去問で本番の臨場感！

福岡県

# 飯塚日新館中学校

2025年春受験用

# 解答集

本書は，実物をなるべくそのままに，プリント形式で年度ごとに収録しています。
問題用紙を教科別に分けて使うことができるので，本番さながらの演習ができます。

## ■ 収録内容

・解答集（この冊子です）

書籍ＩＤ番号，この問題集の使い方，最新年度実物データ，リアル過去問の活用，
解答例と解説，ご使用にあたってのお願い・ご注意，お問い合わせ

・2024（令和６）年度 ～ 2021（令和３）年度　学力検査問題

JN131917

| ○は収録あり　年度 | '24 | '23 | '22 | '21 | | |
|---|---|---|---|---|---|---|
| ■ 問題※ | ○ | ○ | ○ | ○ | | |
| ■ 解答用紙（総合問題は書き込み式） | ○ | ○ | ○ | ○ | | |
| ■ 配点 | | | | | | |

算数に解説があります

※2024年度より総合問題を実施
（英語リスニングの原稿は収録していますが，音声は収録していません）

☆問題文等の非掲載はありません

教英出版

## ■　書籍ＩＤ番号

入試に役立つダウンロード付録や学校情報などを随時更新して掲載しています。
教英出版ウェブサイトの「ご購入者様のページ」画面で，書籍ＩＤ番号を入力してご利用ください。

書籍ＩＤ番号　111140

（有効期限：2025年9月30日まで）

**【入試に役立つダウンロード付録】**
「要点のまとめ（国語／算数）」
「課題作文演習」ほか

## ■　この問題集の使い方

年度ごとにプリント形式で収録しています。針を外して教科ごとに分けて使用します。①片側，②中央のどちらかでとじてありますので，下図を参考に，問題用紙と解答用紙に分けて準備をしましょう（解答用紙がない場合もあります）。

針を外すときは，けがをしないように十分注意してください。また，針を外すと紛失しやすくなりますので気をつけましょう。

① 片側でとじてあるもの

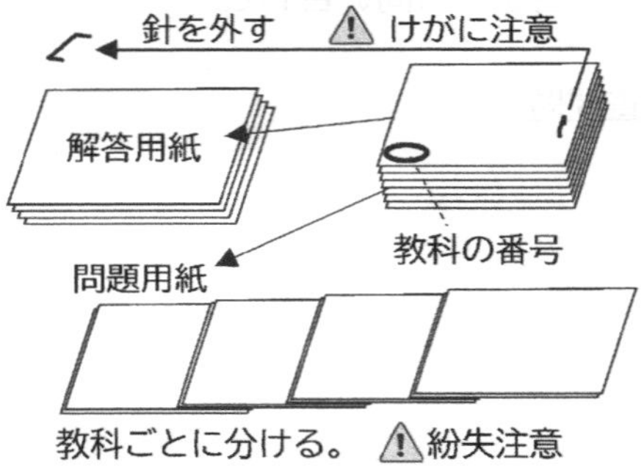


② 中央でとじてあるもの

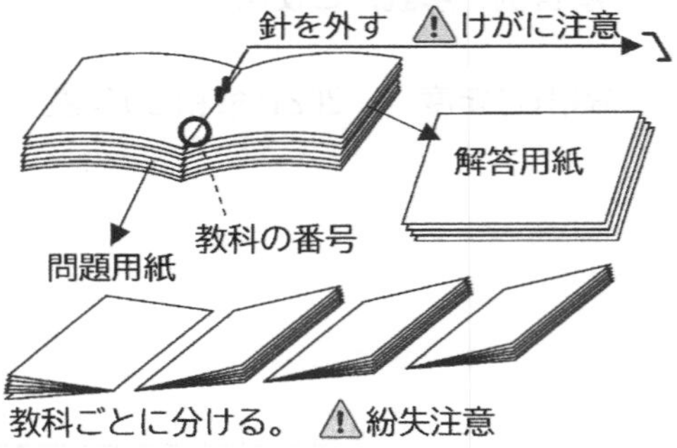


※教科数が上図と異なる場合があります。
　解答用紙がない場合や，問題と一体になっている場合があります。
　教科の番号は，教科ごとに分けるときの参考にしてください。

## ■　最新年度 実物データ

実物をなるべくそのままに編集していますが，収録の都合上，実際の試験問題とは異なる場合があります。実物のサイズ，様式は右表で確認してください。

| | |
|---|---|
| 問題用紙 | Ｂ４片面プリント<br>総合問題：Ａ４冊子(書込み式) |
| 解答用紙 | Ｂ４片面プリント |

# リアル過去問の活用

～リアル過去問なら入試本番で力を発揮することができる～

## 本番を体験しよう！

問題用紙の形式（縦向き／横向き），問題の配置や余白など，実物に近い紙面構成なので本番の臨場感が味わえます。まずはパラパラとめくって眺めてみてください。「これが志望校の入試問題なんだ！」と思えば入試に向けて気持ちが高まることでしょう。

## 入試を知ろう！

同じ教科の過去数年分の問題紙面を並べて，見比べてみましょう。

**① 問題の量**

毎年同じ大問数か，年によって違うのか，また全体の問題量はどのくらいか知っておきましょう。どのくらいのスピードで解けば時間内に終わるのか，大問ひとつにかけられる時間を計算してみましょう。

**② 出題分野**

よく出題されている分野とそうでない分野を見つけましょう。同じような問題が過去にも出題されていることに気がつくはずです。

**③ 出題順序**

得意な分野が毎年同じ大問番号で出題されていると分かれば，本番で取りこぼさないように先回りして解答することができるでしょう。

**④ 解答方法**

記述式か選択式か（マークシートか），見ておきましょう。記述式なら，単位まで書く必要があるかどうか，文字数はどのくらいかなど，細かいところまでチェックしておきましょう。計算過程を書く必要があるかどうかも重要です。

**⑤ 問題の難易度**

必ず正解したい基本問題，条件や指示の読み間違いといったケアレスミスに気をつけたい問題，後回しにしたほうがいい問題などをチェックしておきましょう。

## 問題を解こう！

志望校の入試傾向をつかんだら，問題を何度も解いていきましょう。ほかにも問題文の独特な言いまわしや，その学校独自の答え方を発見できることもあるでしょう。オリンピックや環境問題など，話題になった出来事を毎年出題する学校だと分かれば，日頃のニュースの見かたも変わってきます。

こうして志望校の入試傾向を知り対策を立てることこそが，過去問を解く最大の理由なのです。

## 実力を知ろう！

過去問を解くにあたって，得点はそれほど重要ではありません。大切なのは，志望校の過去問演習を通して，苦手な教科，苦手な分野を知ることです。苦手な教科，分野が分かったら，教科書や参考書に戻って重点的に学習する時間をつくりましょう。今の自分の実力を知れば，入試本番までの勉強の道すじが見えてきます。

## 試験に慣れよう！

入試では時間配分も重要です。本番で時間が足りなくなってあわてないように，リアル過去問で実戦演習をして，時間配分や出題パターンに慣れておきましょう。教科ごとに気持ちを切り替える練習もしておきましょう。

## 心を整えよう！

入試は誰でも緊張するものです。入試前日になったら，演習をやり尽くしたリアル過去問の表紙を眺めてみましょう。問題の内容を見る必要はもうありません。どんな形式だったかな？受験番号や氏名はどこに書くのかな？…ほんの少し見ておくだけでも，志望校の入試に向けて心の準備が整うことでしょう。

そして入試本番では，見慣れた問題紙面が緊張した心を落ち着かせてくれるはずです。

※まれに入試形式を変更する学校もありますが，条件はほかの受験生も同じです。心を整えてあせらずに問題に取りかかりましょう。

# 2024 解答例 令和６年度　飯塚日新館中学校

## 《国　語》

一　問一．ア．危ない　イ．務める　ウ．さかい　エ．たば　問二．信号は渡る前にも右左　問三．はっきりと勝ちがわかったほうが気分がいいし、自信があったから。（下線部は負けるはずがなかったでもよい）

問四．みんなで投票した結果、自分の標語が代表（下線部はブンちゃんが考えたでもよい）　問五．エ

問六．転校生の意見が、ブンちゃんの標語の言葉を替えるほどの説得力を持っていたから。　問七．ア

問八．A．ヒーロー　B．心配　C．悔しさ

二　問一．面白いお話　問二．発言したことには責任が伴いウソは言えないため、ジョークを言う必要がある。

問三．文化や言葉は長い歴史の中で洗練されてきており、他の文化とつきあうのは難しいと感じる体験。

問四．ウ

三　①イ　②ウ　③エ　④ウ　⑤ア

四　①ので〔別解〕ため　②ば　③で　④が　⑤ら

五　①宿題を忘れたＡさんと教科書を忘れたＢさんは五十歩百歩だ。

②貴重な本をあげたが猫に小判だったようで、妹は無関心だった。

## 《算　数》

1　(1)461　(2)27　(3)12．3　(4)13　(5)35　(6)$\frac{3}{8}$　(7)2024

2　(1)３　(2)$\frac{1}{2}$　(3)ア．12　イ．330　(4)18　(5)28　(6)1760

3　(1)16　(2)545．04

4　$93\frac{1}{3}$

5　(1)50　(2)オ　(3)ク　(4)$1\frac{1}{2}$

6　(1)15　(2)100　(3)900　(4)195

## 《入学試験総合問題》

1　(1)イ　(2)ア

2　好きなこと…ナンシーがテニスをしているイラスト，または，ギターを弾いているイラストを描く。

やりたいこと…ナンシーが妹のジェーンといっしょに富士山に登っているイラストを描く。

3　(1)右図　(2)災害時に自分の命を守るための判断をするのは自分です。ひなん情報や身の周りの状きょうなどを確認し，一人一人が判断をしながら，自分で考えて行動することで，一つしかない大切な命を守ることができます。

た
大切に
自分の命
一つだけ

4　(1)A．直径　B．円周の長さ　(2)日本の人口：人口は常に変化するものであり，細かな数を求める必要がないから。

(3)ひも，はさみ，定規，円柱状の空き缶

(4)ひもを円柱状の空き缶に巻きつけて，円の形をつくり，直径と円周の長さを定規で測り，比の値を求める。

(5)図１で，正六角形は１辺の長さが１÷２＝0．5(cm)の正三角形６個に分けられるから，正六角形の周りの長さは0．5×６＝３(cm)である。円周の長さは１×(円周率)＝(円周率)(cm)であり，これは３cmより長いので，円周率は

３より大きい。図２で，１辺の長さが１cmの正方形の周りの長さは１×４＝４(cm)であり，これは円周の長さの(円周率)(cm)より長い。よって，円周率は３より大きく４より小さい。

## 【入学試験総合問題 算数分野の解説】

**4** (1) 円周率は，「円周の長さは直径の何倍か」ということを表す。円の直径が変化しても，形は常に同じだから，同じ割合で円周の長さも変化するので，円周の長さと直径の比は一定(3.14…：１)である。

(2) がい数は細かな数値が必要なく，大まかに数がわかればよいときに使われる。解答例以外にも，イベントの入場者数や睡眠《すいみん》時間，身長や体重など，条件に合えば他の例でもよい。

(3)(4) ひも状のものを円柱状のものに一巻きして円の形を作り，定規等でその直径を測ったあと，伸ばして直線にし，円周の長さを測る。円周の長さを直径で割ることで，円周率に近い値《あたい》を求めることができる。同様の結果となれば，他の物を用いてもよい。

(5) 正多角形の周りの長さと，円周の長さを比べることで，大まかな円周率を求めることができる。

1 (1) 与式＝337＋124＝**461**

(2) 与式＝６×６－９＝36－９＝**27**

(4) 与式＝10＋15÷(15÷５＋２)＝10＋15÷(３＋２)＝10＋15÷５＝10＋３＝**13**

(5) 与式＝$24\times(\frac{5}{4}-\frac{1}{6}+\frac{3}{8})=24\times\frac{5}{4}-24\times\frac{1}{6}+24\times\frac{3}{8}=30-4+9=\mathbf{35}$

(6) 与式＝$\frac{4}{5}\times\frac{5}{6}\times\frac{3}{4}\times\frac{6}{7}\times\frac{7}{8}=\frac{3}{4}\times\frac{4}{5}\times\frac{5}{6}\times\frac{6}{7}\times\frac{7}{8}=\mathbf{\frac{3}{8}}$

(7) 与式＝46×(２＋12＋30)＝46×44＝**2024**

2 (1) 与式より，６×□＝15＋３　□＝18÷６＝**3**

(2) **【解き方】１から，次に現れる１の直前の数までを１つのグループとして考える。**

この数の列をグループに分けると，１，｜１，$\frac{1}{2}$，｜１，$\frac{1}{2}$，$\frac{1}{3}$，｜１，$\frac{1}{2}$，$\frac{1}{3}$，$\frac{1}{4}$，｜…となり，左からグループ１，グループ２，…グループｎとすると，グループｎにはｎ個の数がふくまれる。

１＋２＋３＋４＋５＋６＋７＝28だから，最初から30番目の数はグループ８の２番目の数なので，$\mathbf{\frac{1}{2}}$である。

(3) 十の位の数の決め方は４通りあり，この４通りそれぞれに対して一の位の数の決め方は３通りあるから，２けたの整数は４×３＝**12**(個)できる。１枚のカードにつき，十の位の数，一の位の数になるのはそれぞれ３回ずつあるから，できた整数をすべて足すと，(１＋２＋３＋４＋10＋20＋30＋40)×３＝**330**となる。

(4) **【解き方】Ａさんと Ｂさんの間の道のりは，１分間に120＋80＝200(ｍ)ちぢまる。**

池の周りの長さは3600ｍだから，２人が最初に出会うのは出発してから3600÷200＝**18**(分後)である。

(5) **【解き方】つるかめ算を利用する。**

表が100回出たとすると，得点は100＋４×100＝500(点)になり，実際より500－360＝140(点)だけ高くなる。表１回を裏１回に置きかえると，得点の合計は４＋１＝５(点)低くなるから，裏が出たのは140÷５＝**28**(回)である。

(6) ２割引きの10％増しはもとの金額の(１－0.2)×(１＋0.1)＝0.88(倍)だから，代金は2000×0.88＝**1760**(円)である。

3 (1) **【解き方】右図のように記号おき，補助線ＯＤを引く。**

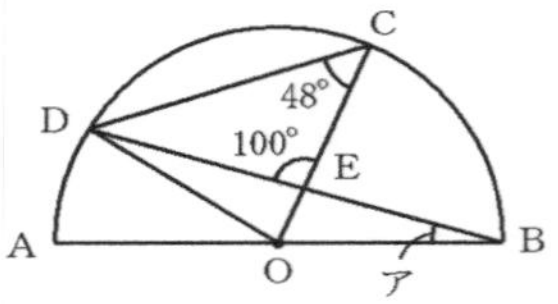


三角形ＥＣＤの内角の和より，角ＣＤＥ＝180°－(48°＋100°)＝32°

三角形ＯＣＤはＯＣ＝ＯＤの二等辺三角形だから，角ＯＤＣ＝角ＯＣＤ＝48°

よって，角ＯＤＢ＝角ＯＤＣ－角ＣＤＥ＝48°－32°＝16°

三角形ＯＢＤはＯＢ＝ＯＤの二等辺三角形だから，角ア＝角ＯＤＢ＝**16°**

(2) **【解き方】右図のように補助線を引く。**

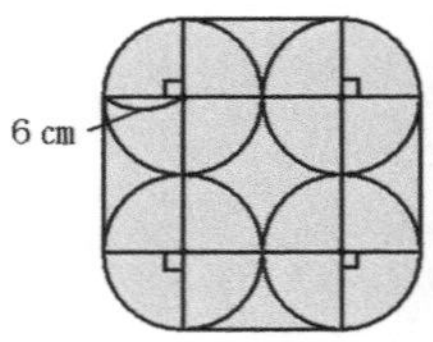


求める面積は，半径６㎝，中心角90°のおうぎ形の面積４つ分，つまり半径６㎝の円の面積１つ分と，縦の長さと横の長さがそれぞれ６㎝，６×２＝12(㎝)の長方形の面積４つ分と，１辺の長さが12㎝の正方形の面積１つ分の和だから，

６×６×3.14＋(６×12)×４＋12×12＝**545.04**(㎠)である。

4 **【解き方】１日目にペンキをぬっていない部分は全体の$1-\frac{2}{5}=\frac{3}{5}$，２日目に残りの$\frac{4}{7}$だけぬると，ペンキをぬっていない部分は全体の$\frac{3}{5}\times(1-\frac{4}{7})=\frac{9}{35}$である。**

全体の$\frac{9}{35}$の面積が11＋13＝24(㎡)にあたるから，かべの広さは$24\div\frac{9}{35}=\frac{280}{3}=\mathbf{93\frac{1}{3}}$(㎡)である。

5 (1) **【解き方】右図において，折り返した角は等しいことを利用する。**

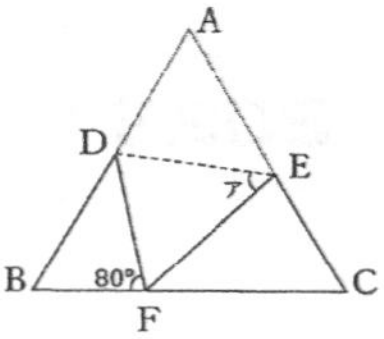


折り返した角は等しいので，角ＡＥＤ＝角ア，三角形ＡＢＣは正三角形だから，

角ＤＦＥ＝角ＤＡＥ＝60°

角ＥＦＣ＝180°－(角ＢＦＤ＋角ＤＦＥ)＝180°－(80°＋60°)＝40°

角ＦＣＥ＝60°であり，三角形の１つの外角は，これととなり合わない２つの内角の和に等しいから，

角ＦＥＡ＝角ＥＦＣ＋角ＦＣＥ＝40°＋60°＝100°より，角ア＝角ＦＥＡ×$\frac{1}{2}$＝100°×$\frac{1}{2}$＝**50°**である。

(2) オの展開図について，角をはさんでとなり合う２辺(右図で，ＸＹとＺＹ，ＹＺとＷＺ)は展開図を組み立てると重なる。しかし，これでは３本の辺が重なることになり，展開図を組み立てることができない。よって，**オ**は展開図として正しくない。

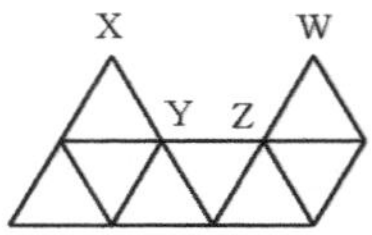


(3) 正八面体の向かい合う面は平行だから，真上と真下に来る面は，真上から見たとき右図のように重なる。頂点どうしがつながった形に見えるので，**ク**の正六角形になる。

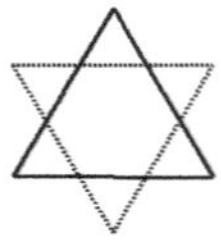

(4) **【解き方】ＧＨとＪＩは平行で長さが等しい。図の対称性より，切断面は図ｉの太線部分のような正六角形になる。**

図ｉ

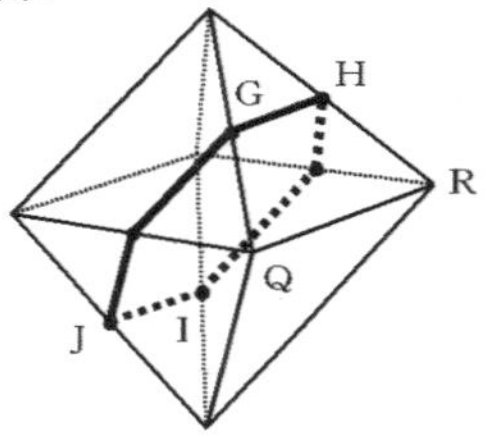


図ⅱ

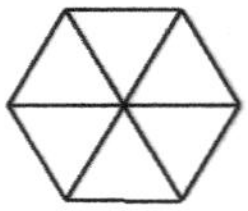

正六角形は図ⅱのように合同な６個の正三角形に分けられるから，切断面の面積は，三角形ＰＧＨの面積６個分である。

三角形ＰＧＨと三角形ＰＱＲは同じ形で大きさが異なる三角形であり，辺の長さの比が１：２だから，面積比は辺の長さの比を２回かけた比の(１×１)：(２×２)＝１：４となる。三角形ＰＱＲは図１の正三角形と合同だから，切断面の面積は図１の正三角形の面積の$\frac{1}{4}$×６＝$\frac{3}{2}$＝**$1\frac{1}{2}$**(倍)である。

6 (1) 水を入れ始めて45秒後から105秒後は水面の高さが一定なので，じゃ口アがある側からじゃ口イがある側へ仕切りをこえた水が流れ込んでいる。よって，このときの水面の高さが仕切りの高さだから，**15**㎝である。

(2) じゃ口アで45秒間水を入れたとき，水そうに入っている水の体積は300×15＝4500(㎤)だから，じゃ口アから出る水の量は毎秒4500÷45＝**100**(㎤)である。

(3) **【解き方】水を入れ始めて45秒後以降は，水そうに毎秒100＋50＝150(㎤)の水を入れている。**

じゃ口イのある側では仕切りから水があふれた時点から105－45＝60(秒間)で水面の高さが15㎝になった。じゃ口イのある側の底面積は150×60÷15＝600(㎠)だから，水そうの全体の底面積は300＋600＝**900**(㎠)である。

(4) **【解き方】仕切りから水があふれるまでの時間と，そこから水面の高さが30㎝になるまでの時間の和を求める。**

水そうの体積は900×30＝27000(㎤)だから，仕切りから水があふれてから水面の高さが30㎝になるまでにかかった時間は(27000－4500)÷150＝150(秒)である。よって，求める時間は45＋150＝**195**(秒後)である。

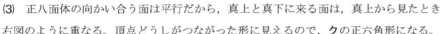

# 2023 解答例 令和５年度 飯塚日新館中学校

## 《国　語》

一　問一．㋐中断　㋑始まって　㋒すじ　㋓口笛　　問二．ウ　　問三．観客の目を持つ　　問四．ウ　　問五．悲劇的　　問六．ア．人生　イ．困難　ウ．順調　　問七．自分に対してだけは、誠実であるべきだということ。　　問八．エ　　問九．イ

二　問一．㋐若い　㋑首筋　㋒染み　　問二．初…出かける前　終…にかける。　　問三．A．漁師をつぐのはいやだ　B．立派　　問四．イ　　問五．A．仲良し　B．家に着　C．敗北　D．寂しさ　　問六．おとといまでこの家にいた祖父のことが、過去の思い出として語られていること。　　問七．なみだのしょっぱさ〔別解〕祖父のにおい　　問八．ウ

三　①手のひらに　　②できない　　③できまいと　　④気づいた　　⑤聞かされた

四　①舌　　②矢　　③非　　④破　　⑤衣

五　①それに空気がかんそうしてカゼをひきやすくなる。　　②だから暖ぼうする時には、加しつ器も使用すると良い。

## 《算　数》

1　(1)654　(2)3　(3)365　(4)22　(5)2　(6)$\frac{1}{7}$　(7)2600

2　(1)2　(2)800　(3)13　(4)240　(5)ア．24　イ．413

3　(1)20　(2)37.68

4　(1)80　(2)6

5　(1)エ　(2)28　(3)右図　(4)1

6　(1)95　(2)17　(3)190　(4)68

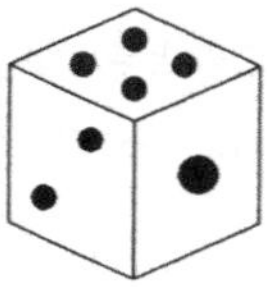

# 2023 算数解説 令和５年度 ▶ 飯塚日新館中学校

**1**

(1) 与式＝333＋321＝654

(2) 与式＝21＋６－24＝27－24＝３

(4) 与式＝（３×５）＋35÷（11－６）＝15＋35÷５＝15＋７＝22

(5) 与式＝$\frac{9}{4}\div(\frac{3}{8}+\frac{6}{8})=\frac{9}{4}\div\frac{9}{8}=\frac{9}{4}\times\frac{8}{9}=2$

(6) 与式＝$\frac{1}{2}\div\frac{3}{2}\times\frac{3}{4}\div\frac{12}{10}\times\frac{8}{10}\div\frac{7}{6}=\frac{1}{2}\times\frac{2}{3}\times\frac{3}{4}\times\frac{5}{6}\times\frac{4}{5}\times\frac{6}{7}=\frac{1}{7}$

(7) 与式＝27×（26＋24）＋25×（26＋24）＝27×50＋25×50＝50×（27＋25）＝50×52＝2600

**2**

(1) 与式より，７＋□×４＝16－１　□×４＝15－７　□＝８÷４　□＝２

(2) **【解き方】４割増しの金額は仕入れ値の１＋0.4＝1.4（倍）となる。**

（仕入れ値）×1.4＝（定価）だから，仕入れ値は，1120÷1.4＝800（円）

(3) **【解き方】正三角形，正方形，正六角形と対称の軸は右図のようになる。**

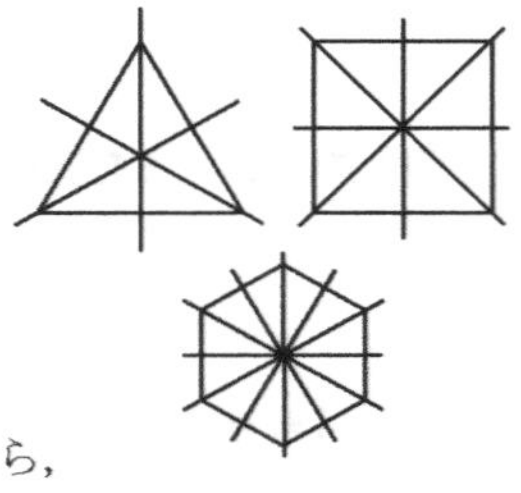

対称の軸の数は，正三角形が３本，正方形が４本，正六角形が６本だから，

合計で 13 本である。

(4) **【解き方】この本のページ数を４と２の最小公倍数の⑧とする。**

１日目に⑧×$\frac{1}{4}$＝②を読んだから，残りは⑧－②＝⑥，２日目に⑥×$\frac{1}{2}$＝③を読んだから，

残りは③となる。これが 90 ページにあたるので，この本のページ数は 90×$\frac{⑧}{③}$＝240（ページ）となる。

(5) **【解き方】百の位，十の位，一の位と順に並べるカードを考える。**

百の位のカードは，４枚から１枚選ぶので４通り。十の位のカードは，百の位の４通りの並べ方それぞれに対し残った３枚のうち１枚を並べるから３通り。一の位のカードは，十の位の３通りの並べ方それぞれに対し残った２枚のうち１枚を並べるから２通り。よって，３けたの整数は全部で４×３×２＝ア24（個）できる。

できる整数を大きい方から順番に考えると，432，431，423，421，イ413，……となる。

**3**

(1) **【解き方】アの角度を①とし，三角形ＡＢＣの内角の和を丸数字で表す。**

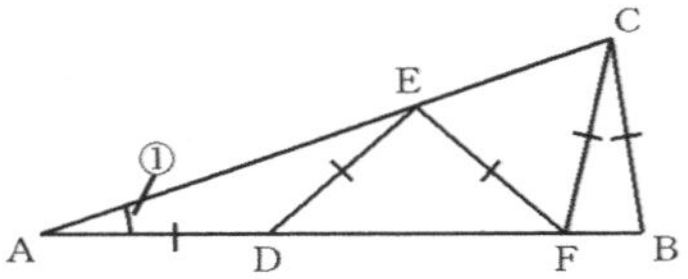


三角形ＡＤＥについて，ＡＤ＝ＤＥより，角ＤＥＡ＝角ＤＡＥ＝①であり，

三角形の１つの外角は，これととなり合わない２つの内角の和に等しいから，

角ＥＤＦ＝①＋①＝②となる。同様に，角ＥＦＤ＝角ＥＤＦ＝②，

角ＦＥＣ＝角ＥＡＦ＋角ＡＦＥ＝①＋②＝③，角ＦＣＥ＝角ＦＥＣ＝③，

角ＣＦＢ＝角ＣＡＦ＋角ＦＣＡ＝①＋③＝④，角ＣＢＦ＝角ＣＦＢ＝④，角ＡＣＢ＝角ＡＢＣ＝④となる。

三角形ＡＢＣの内角の和が 180°となることより，①＋④＋④＝180°　⑨＝180°　①＝20°

(2) **【解き方】右のように作図する。三角形ＡＢＣは正三角形だから，角ＡＢＣ＝60°である。**

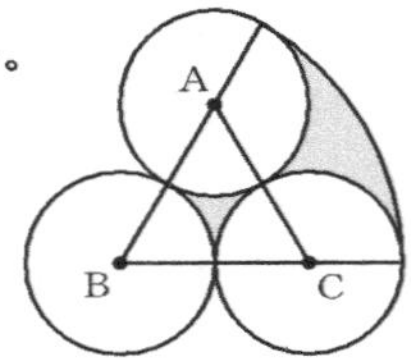


色つき部分の面積は，半径６×３＝18（cm）の円の面積の$\frac{60°}{360°}=\frac{1}{6}$から，半径が６cmの

円の面積の$\frac{1}{2}+\frac{1}{2}+\frac{1}{6}=\frac{7}{6}$を引いた値《あたい》となる。

求める面積は，18×18×3.14×$\frac{1}{6}$－６×６×3.14×$\frac{7}{6}$＝（54－42）×3.14＝37.68（㎠）

**4**

(1) **【解き方】分速 100mでかかる時間と分速 60mでかかる時間の差は，６＋10＝16（分）である。同じ道のりを分速 100mと分速 60mで進むときにかかる時間の比は，速さの比である 100：60＝５：３の逆比の<u>３：５</u>である。**

下線部の比の数の５－３＝２が 16 分にあたるから，分速 100mでかかる時間は，16×$\frac{3}{2}$＝24（分）である。

予定の時間は 24＋６＝30（分），道のりは 24×100＝2400（m）である。

よって，求める速さは，2400÷30＝80 より，分速 80mである。

(2) **【解き方】部屋の種類と実際に泊まった人数をまとめると，**

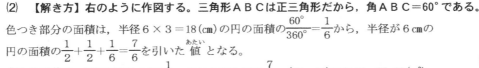

| | ６人部屋 | ７人部屋 | ８人部屋 |
|---|---|---|---|
| 実際に泊まった人数 | ７人 | ８人 | ８人 |

**右表のようになる。したがって，部屋の種類を「７人泊まった部屋」と「８人泊まった部屋」に分け，つるかめ算を利用する。**

17室すべてが８人泊まった部屋の場合，泊まった合計人数は８×17＝136（人）となり，実際より136－130＝６（人）多くなる。８人泊まった部屋１室を７人泊まった部屋１室におきかえると，人数の合計は８－７＝１（人）少なくなるから，７人泊まった部屋は，６÷１＝６（室）である。よって，６人部屋は６室である。

なお，８人泊まった部屋は17－６＝11（室）なので，７人部屋と８人部屋は計11室で，泊まれる人数の合計は120－６×６＝84（人）であることから，つるかめ算を利用すれば，７人部屋と８人部屋の数を求めることもできる。

5 ⑴　エのさいころは２と４，３と５が向かいあっているので，足して７にならない。よって，適さない。

⑵　**【解き方】右図のように５つのさいころに①から⑤までの番号をつけ，それぞれとなりのさいころと接している面の目の数を考える。すべて１が上になっているので，図２のさいころを底面を変えずに回転させて考えればよい。**

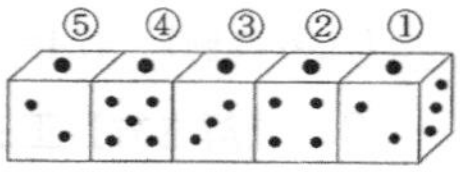


①，②，③，④，⑤の接している面の目の数はそれぞれ，４，２と５，２と５，３と４，３である。

よって，求める目の数の和は，４＋２＋５＋２＋５＋３＋４＋３＝28となる。

⑶　**【解き方】図ｉのようにさいころに番号をつけ，接している面の目の数からオ，カの目を考える。また，図２の左下の面（２）の方向を「正面」とする。**

図ｉ

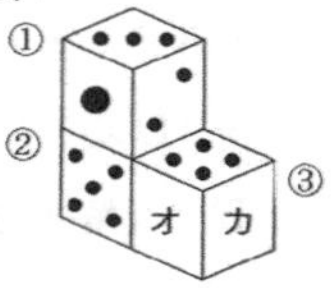


①が②と接している面は７－３＝４だから，②が①と接している面は７－４＝３となる。

②は正面が５，上が３，奥が２となっているから，図２より，右は１だとわかる。

よって，③が②と接している面は６となるので，カは７－６＝１となる。

③は，上が４，右が１，下が３，左が６だから，図２より，正面（オ）が２となる。

オの面は，図２を右に90°回転した見え方となるので，図ⅱのようになる。

図ⅱ

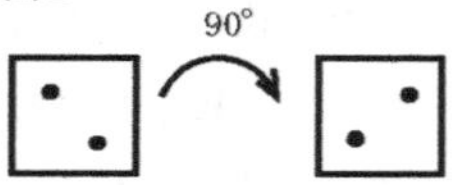


⑷　**【解き方】さいころが右図の①，②の位置にあるときの目を考える。図２の左下の面（２）の方向を「正面」とする。**

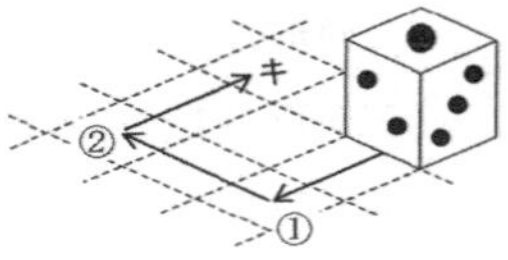


さいころが①の位置にあるとき，正面が５，奥が２，上が６，下が１，右が３，左が４。

さいころが②の位置にあるとき，正面が５，奥が２，上が１，下が６，右が４，左が３。

さいころがキの面と接している数は②で上の位置にある目だから，１となる。

6 ⑴　５番目の表には１が１つ，２が３つ，３が５つ，４が７つ，５が９つ並んでいるので，数字の合計は，

１×１＋２×３＋３×５＋４×７＋５×９＝１＋６＋15＋28＋45＝95

⑵　**【解き方】並んでいる整数（１，２，３，…）の個数を並べると連続する奇数になる。つまり，１の個数は１番目の奇数（１個），２の個数は２番目の奇数（３個），３の個数は３番目の奇数（５個），…となっている。**

９の個数は，９番目の奇数が17だから，17個である。

⑶　**【解き方】10番目の表と９番目の表の合計の差は，10番目で増えた10の合計に等しい。**

10番目の奇数が19だから10は19個並ぶので，求める和は，10×19＝190となる。

⑷　**【解き方】色つき部分は偶数，色なし部分は奇数だから，８番目までの偶数の和から奇数の和を引けばよい。１から８までのそれぞれの数の個数と和をまとめると右表のようになる。**

| | 個数 | 和 |
|---|---|---|
| 1 | 1 | 1 |
| 2 | 3 | 6 |
| 3 | 5 | 15 |
| 4 | 7 | 28 |
| 5 | 9 | 45 |
| 6 | 11 | 66 |
| 7 | 13 | 91 |
| 8 | 15 | 120 |

求める値は，（６＋28＋66＋120）－（１＋15＋45＋91）＝68

# 飯塚日新館中学校

## 《国　語》

一 問一．㋐権力　㋑統一　㋒まね　問二．エ　問三．ア，イ，エ　問四．という擬態語がうまく表現できず、「鋭い横目」という意味の英語になってしまい　問五．ⓐ母国語　ⓑ文化　ⓒ接触　ⓓ競争　ⓔ刺激　ⓕ人間の文化が発展　問六．初…それぞれ　終…類を救う　問七．強要　問八．ウ

二 問一．㋐拾って　㋑さ　㋒厳しい　問二．A．ウ　B．ア　C．エ　問三．a．イ　b．ア　問四．横着もん　問五．青く　問六．エ　問七．ウ　問八．どんなに失敗しても、すねてはいけないことをわからせるため。　問九．初めてお母さんに平手打ちをされ、優しさを感じてうれしかったから。

三 ①立　②手　③欠　④息　⑤得

四 ①ウ　②オ　③エ　④イ　⑤ア

五 (例文)この小川には、以前は蛍が生息していなかった。

## 《算　数》

1 (1)56　(2)30　(3)2.5　(4)3　(5)$\frac{14}{15}$　(6)10　(7)2022

2 (1)18　(2)73　(3)13　(4)2.5　(5)69　(6)12

3 (1)15　(2)80

4 (1)135　(2)イ

5 (1)8　(2)112　(3)440　(4)880

6 (1)180　(2)18　(3)3600　(4)90

## 【算数の解説】

1 (1) 与式＝123＋67－45－89＝(123＋67)－(45＋89)＝190－134＝56

(2) 与式＝10＋20＝30

(4) 与式＝144÷(72－8×3)＝144÷(72－24)＝144÷48＝3

(5) 与式$=7\times(\frac{1}{6}-\frac{1}{10}+\frac{1}{15})=7\times(\frac{5}{30}-\frac{3}{30}+\frac{2}{30})=7\times\frac{4}{30}=\frac{14}{15}$

(6) 与式$=\frac{5}{3}\times(\frac{2}{5}+\frac{5}{6}\times\frac{39}{5}-\frac{9}{10})=\frac{5}{3}\times(\frac{2}{5}+\frac{13}{2}-\frac{9}{10})=\frac{5}{3}\times(\frac{4}{10}+\frac{65}{10}-\frac{9}{10})=\frac{5}{3}\times6=10$

(7) 与式＝(7＋13.22)×32＋(4.22＋16)×68＝20.22×32＋20.22×68＝20.22×(32＋68)＝20.22×100＝2022

2 (1) 与式より，20－□÷3＝14　□÷3＝20－14　□÷3＝6　□＝6×3＝18

(2) **【解き方】(5人の合計点)→(3人の合計点)→(残りの2人の合計点)→(残りの2人の平均点)の順に求める。**

5人の合計点は70×5＝350(点)で，3人の合計点は68×3＝204(点)だから，残りの2人の合計点は，350－204＝146(点)になる。よって，残りの2人の平均点は，146÷2＝73(点)

(3) **【解き方】3番目は1＋1＝2，4番目は1＋2＝3，5番目は2＋3＝5のように考えると，n番目は(n－2)番目と(n－1)番目の数字の和になる。このような数をフィボナッチ数という。**

7番目の数は，5番目の5と6番目の8の和の，5＋8＝13である。

⑷　375÷0.15＝2500(g)＝(2500÷1000)kg＝2.5 kg

⑸　**【解き方】不足分が等しいことに注目する。３を足すと６でも８でも割り切れる数になる。**

６でも８でも割り切れる数は，６と８の公倍数であり，公倍数は最小公倍数の倍数だから，６と８の最小公倍数を求めると24になる。小さい方から３番目の24の倍数は，24×３＝72だから，求める数は，72－３＝69

⑹　**【解き方】同じ色でぬる場所は，(ア)と(ウ)または，(イ)と(エ)である。**

(ア)と(ウ)を同じ色でぬる場合，(ア，イ，エ)のぬり分け方は，(赤，青，黄)(赤，黄，青)(青，赤，黄)(青，黄，赤)(黄，赤，青)(黄，青，赤)の６通りがある。

(イ)と(エ)を同じ色でぬる場合も６通りが考えられるから，全部で，６＋６＝12(通り)ある。

３　⑴　**【解き方】三角形ＡＢＥは二等辺三角形になることに注目する。**

三角形ＥＢＣは正三角形だから，角ＥＢＣ＝60°である。

四角形ＡＢＣＤは正方形だから，ＡＢ＝ＢＣであり，三角形ＥＢＣは正三角形だから，ＥＢ＝ＢＣより，

三角形ＡＢＥは，ＡＢ＝ＥＢ，角ＡＢＥ＝90°－60°＝30°の二等辺三角形である。

よって，角ＢＡＥ＝(180°－30°)÷２＝75°だから，角(ア)＝90°－75°＝15°

⑵　**【解き方】右図のように記号をおいて，合同な三角形に着目する。**

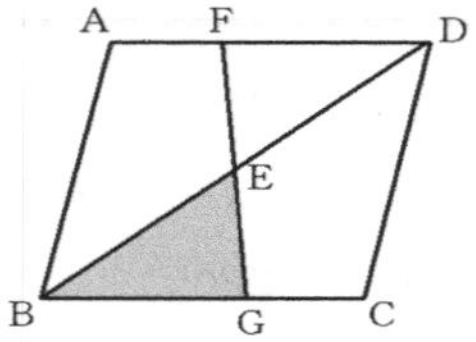


三角形ＢＥＧと三角形ＤＥＦは，ＢＥ＝ＤＥ，角ＢＥＧ＝角ＤＥＦ(対頂角)，角ＥＢＧ＝角ＥＤＦ(平行線の錯角)より，１辺とその両端の角がそれぞれ等しいから合同になり，ＦＤ＝ＢＧ＝６㎝とわかる。

ＡＤ＝ＡＦ＋ＦＤ＝４＋６＝10(㎝)であり，平行四辺形の対辺はそれぞれ等しいから，ＢＣ＝ＡＤ＝10 ㎝

Ｅは対角線の真ん中の点だから，ＡとＣを結ぶとＥを通ることがわかり，２つの対角線によって，平行四辺形の面積は４等分される。高さの等しい三角形の面積の比は，底辺の長さの比に等しいから，

(三角形ＥＢＣの面積)：(三角形ＥＢＧの面積)＝ＢＣ：ＢＧ＝10：６＝５：３より，

(三角形ＥＢＣの面積)＝12×$\frac{5}{3}$＝20(㎠)　　よって，平行四辺形ＡＢＣＤの面積は，20×４＝80(㎠)

４　⑴　**【解き方】単位に注意して，$\frac{3}{4}$を２回かける。**

2.4m＝(2.4×100)㎝＝240 ㎝だから，240×$\frac{3}{4}$×$\frac{3}{4}$＝135(㎝)

⑵　**【解き方】長針は１分間に６°，短針は１分間に0.5°進むから，長針は短針より１分当たり６°－0.5°＝5.5°多く進む。**

180°になるのは，10時ちょうどから，長針の方が180°－60°＝120°多く進んだときだから，120÷5.5＝21.81…より，10時21分と10時22分の間に起きる。よって，イが正しい。

５　⑴　２×２×２＝８(㎤)

⑵　**【解き方】３段目までの立方体の個数を数える。**

１段は１個，２段は１＋２×２＝５(個)，３段は５＋３×３＝14(個)になるから，体積は，８×14＝112(㎤)

⑶　**【解き方】どの面も垂直に交わっていて，すきまのない立体の表面積は，上下前後左右の６方向から見える図形の面積の和で求めることができる。**

５段の立体を下から見ると，１辺が２㎝の正方形が５×５＝25(個)あるように見える。

前後左右から見ると，上から，１個，２個，３個，４個，５個の正方形があるように見えるから，１つの方向か

ら見える正方形の個数は，１＋２＋３＋４＋５＝15(個)である。

よって，見える正方形の個数の合計は，25×２＋15×４＝110(個)で，１個の正方形の面積は，２×２＝４(㎠)だから，表面積は，４×110＝440(㎠)

⑷　**【解き方】使われた立方体の個数から，全部の立方体の表面積の和を求め，そこから⑶の値を引く。**

１個の立方体の表面積は，４×６＝24(㎠)で，５段までに使われた立方体の個数は，14＋４×４＋５×５＝55(個)だから，表面積の合計は，24×55＝1320(㎠)になる。よって，赤い色が塗られていない部分の面積の合計は，1320－440＝880(㎠)

6　⑴　**【解き方】右図のように，スタート地点をＳ，１回目に出会った地点をＱ，２回目に出会った地点をＲとする。**

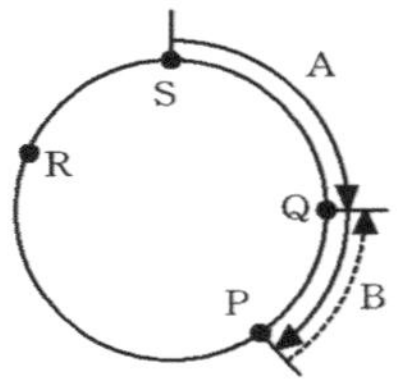


Ａ君は，Ｑ→Ｐを４分間で進み，Ｂ君はＰ→Ｑを６分間で進んだから，

ＰＱ間にかかったＡ君とＢ君の時間の比は，４：６＝２：３である。

速さは，かかる時間に反比例するから，Ａ君とＢ君の速さの比は，３：２である。

Ｂ君の速さは毎分120ｍだから，Ａ君の速さは，毎分$(120\times\frac{3}{2})$ｍ＝毎分180ｍ

⑵　**【解き方】⑴の解説図で，Ｂ君がＱ→Ｓ→Ｒと進むことに着目する。**

Ａ君とＢ君が，同じ道のりを進むのにかかる時間の比は２：３だから，Ｂ君がＱ→Ｓを進むのにかかる時間は，$6\times\frac{3}{2}$＝９(分)である。ＲからＳまでは360ｍだから，Ｂ君がＳ→Ｒを進むのにかかる時間は，360÷120＝３(分)である。よって，２人が１回目に出会ってから２回目に出会うまでに９＋３＝12(分)かかるから，２人が出発してから２回目に出会うまでにかかった時間は，６＋12＝18(分)

⑶　**【解き方】⑵をふまえて，Ａ君に着目する。**

Ａ君は，Ｂ君がＰ→Ｑ→Ｓ→Ｒと進む間に，Ｓ→Ｑ→Ｐ→Ｒと進んだから，Ｓ→Ｑ→Ｐ→Ｒの道のりは，180×18＝3240(ｍ)になる。よって，１周の長さは，3240＋360＝3600(ｍ)

⑷　**【解き方】２人が出会ってから再び出会うまでの時間は12分で，Ｂ君が１周するのにかかる時間は，3600÷120＝30(分)，２回目に出会うまでの時間が18分だから，Ｒ地点で２回目に出会った後，３回目に出会う地点は，Ｐ地点になる。つまり，Ｐ地点で１回目に出会うのは，２人が出発してから30分後である。**

ここから，Ａ君は3600÷180＝20(分)ごとにＰ地点を通過し，Ｂ君は30分ごとにＰ地点を通過する。

20と30の最小公倍数は60だから，２人が２回目にＰ地点で出会うのは，１回目にＰ地点で出会ってから60分後になる。これは，出発してから30＋60＝90(分後)である。

# 飯塚日新館中学校

## 《国　語》

一　問一．㋐遺族　㋑厳密　㋒存在　㋓望ましい　問二．容易　問三．A．ウ　B．エ　問四．Ⅰ．そのまま尊重する　Ⅱ．節度あるやさしさ　問五．ことりを亡くしたつらい思いに寄り添ってくれず、一方的にアドバイスをされたから。　問六．ウ　問七．イ，オ　問八．(例文)私は、これまでと変わらぬ態度で、普段通りに接する。なぜなら、花子さんがどう接してほしいのかわからないので、いつも通りというのが一番だと思うからだ。

二　問一．㋐つ　㋑かよ　㋒いちば　㋓うわめ　問二．ア　問三．エ　問四．鼓笛隊に入隊し、アコーディオンの担当になること。　問五．すごいマチの子　問六．良い印象…カッコよく、大人びている。　悪い印象…ナマイキで、不良も多い。　問七．A．歯医者に関係があり、歯医者で使うような機械やイスが並んでいる　B．ずぼしの想像　問八．イ　問九．ア．×　イ．○　ウ．○　エ．×

三　①うかがう　②いただい　③ごらんになる　④おっしゃい

四　①胸　②さじ　③水　④口　⑤足

五　(例文)君が話したことは、ただの思いこみにすぎない。

## 《算　数》

1　(1)3444　(2)34　(3)$\frac{1}{5}$　(4)15　(5)$\frac{11}{15}$　(6)2020　(7)9900

2　(1)２　(2)１，36　(3)120　(4)1023　(5)８　(6)25

3　(1)50　(2)40

4　(1)12　(2)75

5　(1)13．5　(2)９　(3)36　(4)180

6　(1)４　(2)80　(3)144　(4)21

**←解答例は前のページにありますので，そちらをご覧ください。**

**1** (1) 与式＝10248－6804＝3444

(2) 与式＝36－２＝34

(3) 与式＝$\frac{8}{30}+\frac{25}{30}-\frac{27}{30}=\frac{6}{30}=\frac{1}{5}$

(4) 与式＝23－(24－４×４)＝23－(24－16)＝23－８＝15

(5) 与式＝$\frac{25}{12}\div 1\frac{1}{4}-\frac{4}{5}\times(\frac{3}{2}-\frac{1}{3})=\frac{25}{12}\times\frac{4}{5}-\frac{4}{5}\times(\frac{9}{6}-\frac{2}{6})=\frac{4}{5}\times(\frac{25}{12}-\frac{7}{6})=\frac{4}{5}\times(\frac{25}{12}-\frac{14}{12})=\frac{4}{5}\times\frac{11}{12}=\frac{11}{15}$

(6) 与式＝$\frac{5}{4}\times 2020\times 4\times\frac{4}{5}\times\frac{1}{4}=2020\times(\frac{5}{4}\times\frac{4}{5})\times(4\times\frac{1}{4})=2020$

(7) 与式＝76×99＋17×９×11＋７×11×９＝76×99＋17×99＋７×99＝(76＋17＋７)×99＝100×99＝9900

**2** (1) 与式より，19×□＝52－14　　□＝38÷19＝２

(2) **【解き方】速さが同じならば，かかる時間は道のりに比例する。**

道のりが$\frac{20}{50}=\frac{2}{5}$(倍)になったので時間も$\frac{2}{5}$倍になり，４時間×$\frac{2}{5}$＝$1\frac{3}{5}$時間＝１時間($\frac{3}{5}$×60)分＝１時間36分

(3) **【解き方】利益は，(売った値段)－(仕入れ値)で求める。**

定価は仕入れ値の$1+\frac{2}{10}=\frac{12}{10}$(倍)，売った値段は定価の$1-\frac{10}{100}=\frac{9}{10}$(倍)だから，売った値段は，$1500\times\frac{12}{10}\times\frac{9}{10}=$1620(円)である。よって，利益は，1620－1500＝120(円)

(4) **【解き方】前後の数の差を調べると，１，３，７，15，31，…となっていて，２から倍々に増えているとわかる。このことがわかれば，10番目までの数を１つ１つ地道に計算して調べていくことができるが，以下のように考えるとより簡単に計算できる。**

（差：２，４，８，16）

最初の数が１だからすべての数に１を足すと，２，４，８，16，32，…となる。この数の列では，１番目が２，２番目が２を２回かけあわせた数，３番目が２を３回かけあわせた数，…となるから，10番目は２を10回かけあわせた，２×２×２×２×２×２×２×２×２×２＝1024である。よって，もとの数の列の10番目は，1024－１＝1023

(5) **【解き方】右のような表にまとめて考える。㋐の人数を求めればよい。**

㋑＝18－７＝11(人)，㋒＝35－16＝19(人)だから，

㋐＝㋒－㋑＝19－11＝８(人)

| | | うどん | | 合計 |
|---|---|---|---|---|
| | | 好き | きらい | |
| ラーメン | 好き | 7 | ㋑ | 18 |
| | きらい | | ㋐ | |
| 合計 | | 16 | ㋒ | 35 |

(6) ７で割った商が3.5以上4.5未満だから，ある整数は，3.5×７＝24.5以上4.5×７＝31.5未満である。また，３で割った商が7.5以上8.5未満だから，ある整数は，7.5×３＝22.5以上8.5×３＝25.5未満である。この条件に合う整数は25である。

**3** (1) **【解き方】角ＡＤＥの大きさを求める。**

三角形ＣＡＤ，ＣＤＥが二等辺三角形だから，右図のａ，ｂの角度はそれぞれ等しい。四角形ＡＤＥＣの内角の和より，ａ×２＋ｂ×２＋100°＝360°だから，

(ａ＋ｂ)×２＝360°－100°　　ａ＋ｂ＝260°÷２＝130°

よって，角ア＝180°－130°＝50°

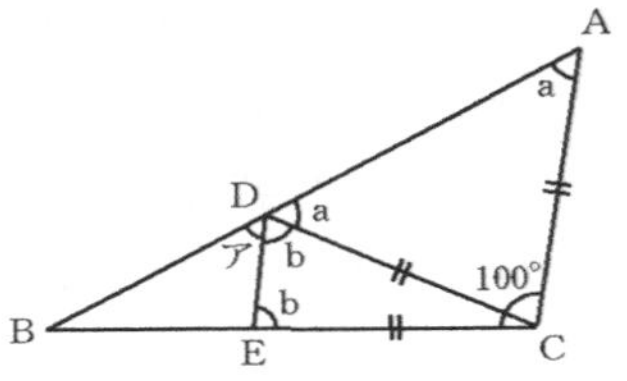

⑵　**【解き方】正方形はひし形にふくまれるので，１辺の長さがわからなくても対角線の長さがわかれば面積を求められる。したがって，ＡＢを対角線にもつような正方形を作ることを考える。**

右のように作図する。三角形ＡＤＨ，ＤＢＥ，ＢＣＦ，ＣＡＧが合同な直角三角形だから，四角形ＡＤＢＣは正方形である。また，Ｐ，Ｑ，Ｒ，Ｓは小さい正方形の辺の真ん中の点だから，色をつけた直角三角形はすべて合同である。したがって，小さい正方形５個分の面積は，正方形ＡＤＢＣの面積と等しい。

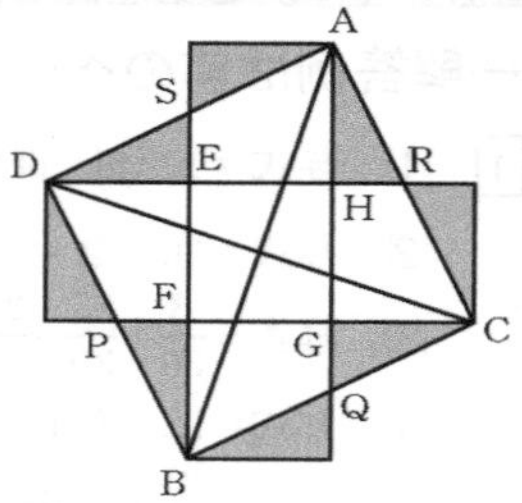


正方形ＡＤＢＣは対角線の長さがＡＢ＝20 cmだから，面積は，20×20÷２＝200(cm²)

よって，小さい正方形１個分の面積は，200÷５＝40(cm²)

4　⑴　**【解き方】50 円硬貨を４枚増やすことで，３種類の硬貨それぞれの合計金額を比で表すことができる。**

50 円硬貨を４枚増やすと，貯金箱に入っているお金の合計は，3700＋50×４＝3900(円)になる。

この場合，500 円硬貨の合計金額と 100 円硬貨の合計金額の比は，(500×１)：(100×４)＝５：４，100 円硬貨の合計金額と 50 円硬貨の合計金額の比は，(100×１)：(50×２)＝１：１だから，３種類の硬貨それぞれの合計金額の比は，５：４：４である。

よって，100 円硬貨の合計金額は $3900\times\frac{4}{5+4+4}=1200$(円)だから，100 円硬貨は，1200÷100＝12(枚)ある。

⑵　**【解き方】１人あたりの個数がみかん５個とりんご３個の場合(パターンＡとする)と，みかん７個とりんご３個の場合(パターンＢとする)で，りんごの個数が変わっていないことから，配るのをやめたときの人数の差を求められる。人数の差がわかれば，みかんの個数の変化からふつうの過不足算として計算することができる。**

パターンＢでりんごが 18 個余ったことから，パターンＢで配るのをやめたときの人数は，パターンＡのときより 18÷３＝６(人)少ないとわかる。パターンＡで配るのをやめたときの人数を□人とすると，１人あたりのみかんの個数を７－５＝２(個)増やしたことで，□人に均等に配るために必要なみかんの個数は，８＋７×６＝50(個)増えたことになる。したがって，□＝50÷２＝25 だから，最初に配ったりんごの個数は，３×25＝75(個)

5　⑴　(正方形ＡＢＣＤの面積)－(三角形ＢＣＥの面積)－(三角形ＤＣＦの面積)－(三角形ＡＥＦの面積)＝
６×６－３×６÷２－３×６÷２－３×３÷２＝36－９－９－4.5＝13.5(cm²)

⑵　**【解き方】図１を組み立てるときＡ，Ｄ，Ｂが重なるのだから，図２の三角すいにおいて，角ＣＡＦ＝角ＣＡＥ＝90°である。したがって，図２の三角すいの底面を三角形ＡＥＦとしたときの高さは図１のＣＤの長さと等しく，６cmである。**

底面積が３×３÷２＝4.5(cm²)，高さが６cmだから，体積は，4.5×６÷３＝９(cm³)

⑶　**【解き方】図３を右図の点線を引いて４等分したうちの１つは，図１と同じである。**

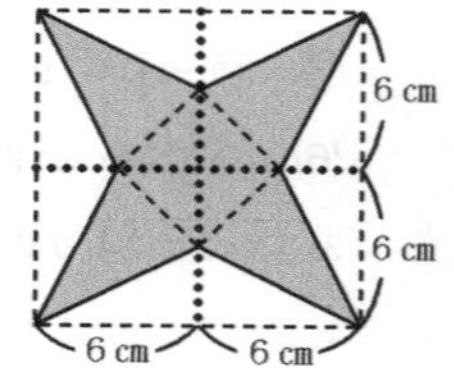


図３を組み立ててできる四角すいは，図２の三角すいを４つ合わせたものだから，体積は，
９×４＝36(cm³)

⑷　**【解き方】図２の三角すい４つをきれいにつけられることから，⑶もふまえると，図４の立体の表面の図形と図３の中の図形で合同な図形がありそうである。**

図４と図３で等しい辺に同じ記号をつけると，右図①，②のようになる。したがって，図①の四角形ＧＨＩＪの面積と，

図①

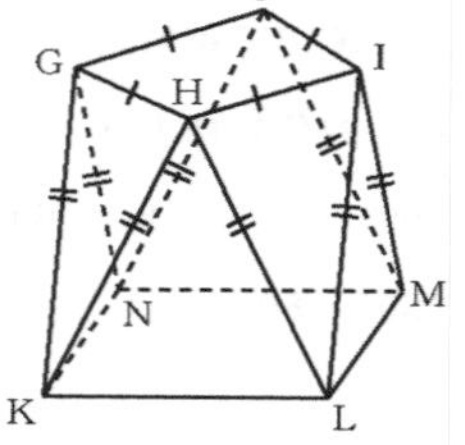


図②

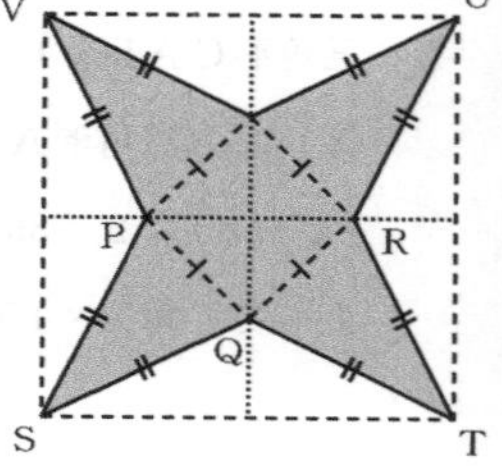

側面の三角形のうち三角形ＧＨＫと合同な４つの三角形の面積の合計は，図②の色をつけた部分の面積と等しい。

図③

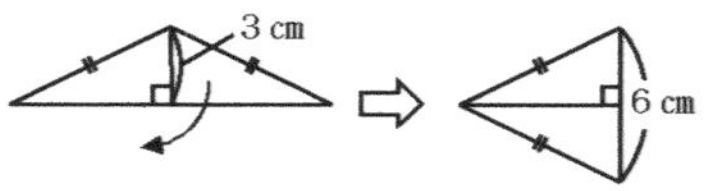


また，正方形ＧＨＩＪは対角線の長さがＰＲの長さと等しく，12－３×２＝６(cm)だから，四角形ＫＬＭＮは１辺の長さが６cmの正方形である。

最後に三角形ＨＫＬをみてみると，ＫＬ＝６cmで，ＨＫ＝ＨＬ＝ＳＱ＝ＴＱであることから，三角形ＱＳＴを図③のように変形すれば，三角形ＨＫＬと合同になるとわかる。

よって，図①の表面のうち四角形ＫＬＭＮ以外の部分の面積の合計は，正方形ＳＴＵＶの面積と等しいから，求める表面積は，12×12＋６×６＝180(cm²)

**6** 右図Ｉのように，図形Ａ，Ｂの太線の辺をカ，キ，ク，サ，シとする。また，図４でグラフの形が変わっているところに図Ⅱのように①～⑤の番号をふる。

図Ｉ

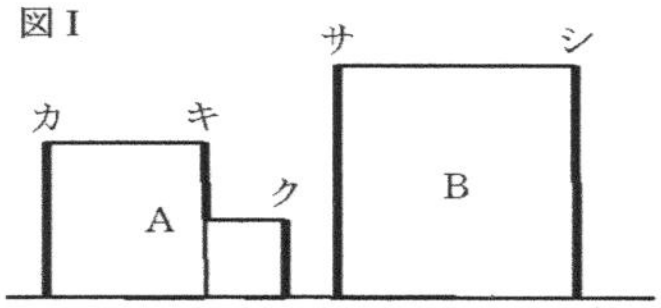


図Ⅱ

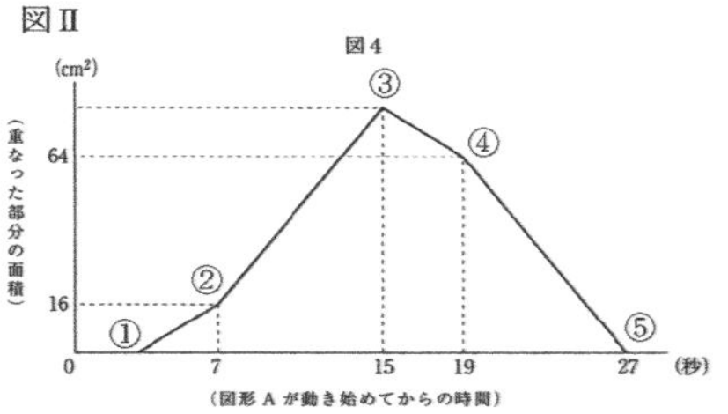


⑴　**【解き方】Ａの小さい方の正方形がちょうどＢの中にすべて入ったときが何秒後かを考える。**

①はクとサが重なったところだから，３÷１＝３(秒後)である。

②はキとサが重なったところだから，Ａの小さい方の正方形の１辺の長さは７－３＝４(cm)なので，イ＝４cm

⑵　**【解き方】図Ⅱの①～⑤でそれぞれ何が起こったかを考える。**

Ａがすべてのの中にふくまれている時間が何秒間かあればその間グラフは水平になるはずだが，グラフはそうなってはいない。グラフの形が変わるのは，クとサ，クとシ，キとサ，キとシ，カとサ，カとシそれぞれが重なるときで，６回あるはずだが，実際には①～⑤の５回である。したがって，６回のうちどれかが同時に起こったはずである。②のあと，カとサが重なる前にクとシが重なると，そのあと重なった部分の面積が増える割合は小さくなるはずだが，③のあとは重なった部分の面積が減っている。以上のことから，③でカとサが重なることとクとシが重なることが同時に起きたとわかる。つまり，ＡとＢは横の長さが等しい。

③は 15 秒後だから，Ａの横の長さは，15×１－３＝12(cm)である。これより，Ａの大きい方の正方形の１辺の長さは 12－４＝８(cm)だから，Ａの面積は，４×４＋８×８＝80(cm²)

⑶　⑵より，12×12＝144(cm²)

⑷　**【解き方】グラフより，２回目に 48 cm²になるのは，19～27 秒後の間である。**

④はキとシが重なったときである。Ａの大きい方の正方形の面積は 64 cm²であり，重なった部分の面積が２回目に 48 cm²になるのは，Ａの大きい方の正方形の横の辺が 48÷８＝６(cm)だけ重なっているときである。それは，④の(８－６)÷１＝２(秒後)だから，19＋２＝21(秒後)である。

## ■ ご使用にあたってのお願い・ご注意

（1）問題文等の非掲載

著作権上の都合により，問題文や図表などの一部を掲載できない場合があります。

誠に申し訳ございませんが，ご了承くださいますようお願いいたします。

（2）過去問における時事性

過去問題集は，学習指導要領の改訂や社会状況の変化，新たな発見などにより，現在とは異なる表記や解説になっている場合があります。過去問の特性上，出題当時のままで出版していますので，あらかじめご了承ください。

（3）配点

学校等から配点が公表されている場合は，記載しています。公表されていない場合は，記載していません。

独自の予想配点は，出題者の意図と異なる場合があり，お客様が学習するうえで誤った判断をしてしまう恐れがあるため記載していません。

（4）無断複製等の禁止

購入された個人のお客様が，ご家庭でご自身またはご家族の学習のためにコピーをすることは可能ですが，それ以外の目的でコピー，スキャン，転載（ブログ，ＳＮＳなどでの公開を含みます）などをすることは法律により禁止されています。学校や学習塾などで，児童生徒のためにコピーをして使用することも法律により禁止されています。

ご不明な点や，違法な疑いのある行為を確認された場合は，弊社までご連絡ください。

（5）けがに注意

この問題集は針を外して使用します。針を外すときは，けがをしないように注意してください。また，表紙カバーや問題用紙の端で手指を傷つけないように十分注意してください。

（6）正誤

制作には万全を期しておりますが，万が一誤りなどがございましたら，弊社までご連絡ください。

なお，誤りが判明した場合は，弊社ウェブサイトの「ご購入者様のページ」に掲載しておりますので，そちらもご確認ください。

## ■ お問い合わせ

解答例，解説，印刷，製本など，問題集発行におけるすべての責任は弊社にあります。

ご不明な点がございましたら，弊社ウェブサイトの「お問い合わせ」フォームよりご連絡ください。迅速に対応いたしますが，営業日の都合で回答に数日を要する場合があります。

ご入力いただいたメールアドレス宛に自動返信メールをお送りしています。自動返信メールが届かない場合は，「よくある質問」の「メールの問い合わせに対し返信がありません。」の項目をご確認ください。

また弊社営業日（平日）は，午前９時から午後５時まで，電話でのお問い合わせも受け付けています。

2025春

株式会社教英出版
〒422-8054　静岡県静岡市駿河区南安倍３丁目 12-28
TEL　054-288-2131　　FAX　054-288-2133
URL　https://kyoei-syuppan.net/
MAIL siteform@kyoei-syuppan.net

教英出版 2025　10の1　飯塚日新館中

# 教英出版の親子で取りくむシリーズ

## 公立中高一貫校とは？適性検査とは？受検を考えはじめた親子のための最初の１冊！

「概要編」では公立中高一貫校の仕組みや適性検査の特徴をわかりやすく説明し，「例題編」では実際の適性検査の中から，よく出題されるパターンの問題を厳選して紹介しています。実際の問題紙面も掲載しているので受検を身近に感じることができます。

- 公立中高一貫校を知ろう！
- 適性検査を知ろう！
- 教科的な問題〈適性検査ってこんな感じ〉
- 実技的な問題〈さらにはこんな問題も！〉
- おさえておきたいキーワード

**定価：1,078円(本体980+税)**

## 適性検査の作文問題にも対応！「書けない」を「書けた！」に導く合格レッスン

「実力養成レッスン」では，作文の技術や素材の見つけ方，書き方や教え方を対話形式でわかりやすく解説。実際の入試作文をもとに，とり外して使える解答用紙に書き込んでレッスンをします。赤ペンの添削例や，「添削チェックシート」を参考にすれば，お子さんが書いた作文をていねいに添削することができます。

- レッスン１ 作文の基本と，書くための準備
- レッスン２ さまざまなテーマの入試作文
- レッスン３ 長文の内容をふまえて書く入試作文
- 実力だめし！入試作文
- 別冊「添削チェックシート・解答用紙」付き

**定価：1,155円(本体1,050+税)**

**絶賛販売中！**

詳しくは教英出版で検索

教英出版　検索

URL https://kyoei-syuppan.net/

# 教英出版　2025年春受験用　中学入試問題集

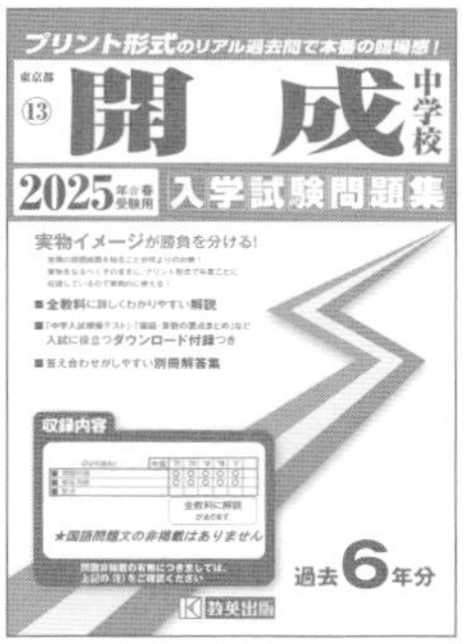


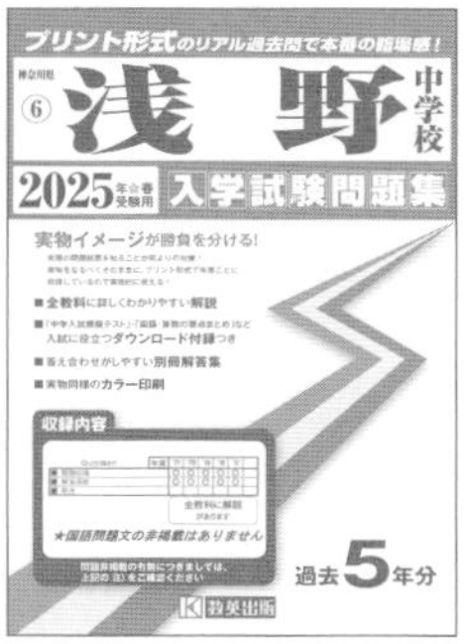


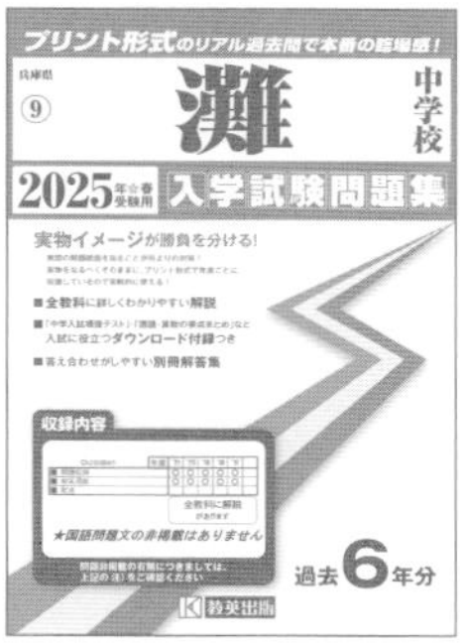


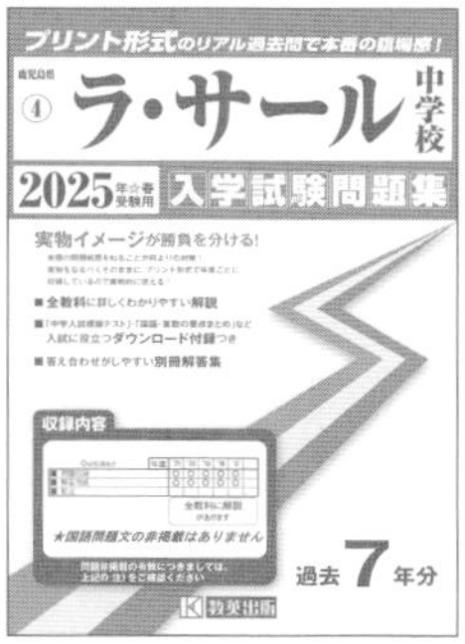


## 学校別問題集

✿はカラー問題対応

### 北海道

①[市立]札幌開成中等教育学校
②藤女子中学校
③北嶺中学校
④北星学園女子中学校
⑤札幌大谷中学校
⑥札幌光星中学校
⑦立命館慶祥中学校
⑧函館ラ・サール中学校

### 青森県

①[県立]三本木高等学校附属中学校

### 岩手県

①[県立]一関第一高等学校附属中学校

### 宮城県

①[県立]宮城県古川黎明中学校
②[県立]宮城県仙台二華中学校
③[市立]仙台青陵中等教育学校
④東北学院中学校
⑤仙台白百合学園中学校
⑥聖ウルスラ学院英智中学校
⑦宮城学院中学校
⑧秀光中学校
⑨古川学園中学校

### 秋田県

①[県立]
- 大館国際情報学院中学校
- 秋田南高等学校中等部
- 横手清陵学院中学校

### 山形県

①[県立]
- 東桜学館中学校
- 致道館中学校

### 福島県

①[県立]
- 会津学鳳中学校
- ふたば未来学園中学校

### 茨城県

①[県立]
- 日立第一高等学校附属中学校
- 太田第一高等学校附属中学校
- 水戸第一高等学校附属中学校
- 鉾田第一高等学校附属中学校
- 鹿島高等学校附属中学校
- 土浦第一高等学校附属中学校
- 竜ヶ崎第一高等学校附属中学校
- 下館第一高等学校附属中学校
- 下妻第一高等学校附属中学校
- 水海道第一高等学校附属中学校
- 勝田中等教育学校
- 並木中等教育学校
- 古河中等教育学校

### 栃木県

①[県立]
- 宇都宮東高等学校附属中学校
- 佐野高等学校附属中学校
- 矢板東高等学校附属中学校

### 群馬県

①
- [県立]中央中等教育学校
- [市立]四ツ葉学園中等教育学校
- [市立]太田中学校

### 埼玉県

①[県立]伊奈学園中学校
②[市立]浦和中学校
③[市立]大宮国際中等教育学校
④[市立]川口市立高等学校附属中学校

### 千葉県

①[県立]
- 千葉中学校
- 東葛飾中学校

②[市立]稲毛国際中等教育学校

### 東京都

①[国立]筑波大学附属駒場中学校
②[都立]白鷗高等学校附属中学校
③[都立]桜修館中等教育学校
④[都立]小石川中等教育学校
⑤[都立]両国高等学校附属中学校
⑥[都立]立川国際中等教育学校
⑦[都立]武蔵高等学校附属中学校
⑧[都立]大泉高等学校附属中学校
⑨[都立]富士高等学校附属中学校
⑩[都立]三鷹中等教育学校
⑪[都立]南多摩中等教育学校
⑫[区立]九段中等教育学校
⑬開成中学校
⑭麻布中学校
⑮桜蔭中学校
⑯女子学院中学校
✿⑰豊島岡女子学園中学校
⑱東京都市大学等々力中学校
⑲世田谷学園中学校
✿⑳広尾学園中学校(第2回)
✿㉑広尾学園中学校(医進・サイエンス回)
㉒渋谷教育学園渋谷中学校(第1回)
㉓渋谷教育学園渋谷中学校(第2回)
㉔東京農業大学第一高等学校中等部(2月1日 午後)
㉕東京農業大学第一高等学校中等部(2月2日 午後)

### 神奈川県

①［県立］相模原中等教育学校
　　　　平塚中等教育学校
②［市立］南高等学校附属中学校
③［市立］横浜サイエンスフロンティア高等学校附属中学校
④［市立］川崎高等学校附属中学校
✿⑤聖光学院中学校
✿⑥浅野中学校
⑦洗足学園中学校
⑧法政大学第二中学校
⑨逗子開成中学校（１次）
⑩逗子開成中学校（2・3次）
⑪神奈川大学附属中学校（第1回）
⑫神奈川大学附属中学校（第2・3回）
⑬栄光学園中学校
⑭フェリス女学院中学校

### 新潟県

①［県立］村上中等教育学校
　　　　柏崎翔洋中等教育学校
　　　　燕中等教育学校
　　　　津南中等教育学校
　　　　直江津中等教育学校
　　　　佐渡中等教育学校
②［市立］高志中等教育学校
③新潟第一中学校
④新潟明訓中学校

### 石川県

①［県立］金沢錦丘中学校
②星稜中学校

### 福井県

①［県立］高志中学校

### 山梨県

①山梨英和中学校
②山梨学院中学校
③駿台甲府中学校

### 長野県

①［県立］屋代高等学校附属中学校
　　　　諏訪清陵高等学校附属中学校
②［市立］長野中学校

### 岐阜県

①岐阜東中学校
②鶯谷中学校
③岐阜聖徳学園大学附属中学校

### 静岡県

①［国立］静岡大学教育学部附属中学校
　　　　（静岡・島田・浜松）
②［県立］清水南高等学校中等部
　［県立］浜松西高等学校中等部
　［市立］沼津高等学校中等部
③不二聖心女子学院中学校
④日本大学三島中学校
⑤加藤学園暁秀中学校
⑥星陵中学校
⑦東海大学付属静岡翔洋高等学校中等部
⑧静岡サレジオ中学校
⑨静岡英和女学院中学校
⑩静岡雙葉中学校
⑪静岡聖光学院中学校
⑫静岡学園中学校
⑬静岡大成中学校
⑭城南静岡中学校
⑮静岡北中学校
⑯常葉大学附属常葉中学校
　常葉大学附属橘中学校
　常葉大学附属菊川中学校
⑰藤枝明誠中学校
⑱浜松開誠館中学校
⑲静岡県西遠女子学園中学校
⑳浜松日体中学校
㉑浜松学芸中学校

### 愛知県

①［国立］愛知教育大学附属名古屋中学校
②愛知淑徳中学校
③名古屋経済大学市邨中学校
　名古屋経済大学高蔵中学校
④金城学院中学校
⑤椙山女学園中学校
⑥東海中学校
⑦南山中学校男子部
⑧南山中学校女子部
⑨聖霊中学校
⑩滝中学校
⑪名古屋中学校
⑫大成中学校
⑬愛知中学校
⑭星城中学校
⑮名古屋葵大学中学校
　（名古屋女子大学中学校）
⑯愛知工業大学名電中学校
⑰海陽中等教育学校（特別給費生）
⑱海陽中等教育学校（Ⅰ・Ⅱ）
⑲中部大学春日丘中学校
新刊⑳名古屋国際中学校

### 三重県

①［国立］三重大学教育学部附属中学校
②暁中学校
③海星中学校
④四日市メリノール学院中学校
⑤高田中学校
⑥セントヨゼフ女子学園中学校
⑦三重中学校
⑧皇學館中学校
⑨鈴鹿中等教育学校
⑩津田学園中学校

### 滋賀県

①［国立］滋賀大学教育学部附属中学校
②［県立］河瀬中学校
　　　　守山中学校
　　　　水口東中学校

### 京都府

①［国立］京都教育大学附属桃山中学校
②［府立］洛北高等学校附属中学校
③［府立］園部高等学校附属中学校
④［府立］福知山高等学校附属中学校
⑤［府立］南陽高等学校附属中学校
⑥［市立］西京高等学校附属中学校
⑦同志社中学校
⑧洛星中学校
⑨洛南高等学校附属中学校
⑩立命館中学校
⑪同志社国際中学校
⑫同志社女子中学校（前期日程）
⑬同志社女子中学校（後期日程）

### 大阪府

①［国立］大阪教育大学附属天王寺中学校
②［国立］大阪教育大学附属平野中学校
③［国立］大阪教育大学附属池田中学校

④[府立]富田林中学校
⑤[府立]咲くやこの花中学校
⑥[府立]水都国際中学校
⑦清風中学校
⑧高槻中学校（A日程）
⑨高槻中学校（B日程）
⑩明星中学校
⑪大阪女学院中学校
⑫大谷中学校
⑬四天王寺中学校
⑭帝塚山学院中学校
⑮大阪国際中学校
⑯大阪桐蔭中学校
⑰開明中学校
⑱関西大学第一中学校
⑲近畿大学附属中学校
⑳金蘭千里中学校
㉑金光八尾中学校
㉒清風南海中学校
㉓帝塚山学院泉ヶ丘中学校
㉔同志社香里中学校
㉕初芝立命館中学校
㉖関西大学中等部
㉗大阪星光学院中学校

### 兵庫県

①[国立]神戸大学附属中等教育学校
②[県立]兵庫県立大学附属中学校
③雲雀丘学園中学校
④関西学院中学部
⑤神戸女学院中学部
⑥甲陽学院中学校
⑦甲南中学校
⑧甲南女子中学校
⑨灘中学校
⑩親和中学校
⑪神戸海星女子学院中学校
⑫滝川中学校
⑬啓明学院中学校
⑭三田学園中学校
⑮淳心学院中学校
⑯仁川学院中学校
⑰六甲学院中学校
⑱須磨学園中学校（第1回入試）
⑲須磨学園中学校（第2回入試）
⑳須磨学園中学校（第3回入試）
㉑白陵中学校
㉒夙川中学校

### 奈良県

①[国立]奈良女子大学附属中等教育学校
②[国立]奈良教育大学附属中学校
③[県立]国際中学校
青翔中学校
④[市立]一条高等学校附属中学校
⑤帝塚山中学校
⑥東大寺学園中学校
⑦奈良学園中学校
⑧西大和学園中学校

### 和歌山県

①[県立]古佐田丘中学校
向陽中学校
桐蔭中学校
日高高等学校附属中学校
田辺中学校
②智辯学園和歌山中学校
③近畿大学附属和歌山中学校
④開智中学校

### 岡山県

①[県立]岡山操山中学校
②[県立]倉敷天城中学校
③[県立]岡山大安寺中等教育学校
④[県立]津山中学校
⑤岡山中学校
⑥清心中学校
⑦岡山白陵中学校
⑧金光学園中学校
⑨就実中学校
⑩岡山理科大学附属中学校
⑪山陽学園中学校

### 広島県

①[国立]広島大学附属中学校
②[国立]広島大学附属福山中学校
③[県立]広島中学校
④[県立]三次中学校
⑤[県立]広島叡智学園中学校
⑥[市立]広島中等教育学校
⑦[市立]福山中学校
⑧広島学院中学校
⑨広島女学院中学校
⑩修道中学校
⑪崇徳中学校
⑫比治山女子中学校
⑬福山暁の星女子中学校
⑭安田女子中学校
⑮広島なぎさ中学校
⑯広島城北中学校
⑰近畿大学附属広島中学校福山校
⑱盈進中学校
⑲如水館中学校
⑳ノートルダム清心中学校
㉑銀河学院中学校
㉒近畿大学附属広島中学校東広島校
㉓AICJ中学校
㉔広島国際学院中学校
㉕広島修道大学ひろしま協創中学校

### 山口県

①[県立]下関中等教育学校
高森みどり中学校
②野田学園中学校

### 徳島県

①[県立]富岡東中学校
川島中学校
城ノ内中等教育学校
②徳島文理中学校

### 香川県

①大手前丸亀中学校
②香川誠陵中学校

### 愛媛県

①[県立]今治東中等教育学校
松山西中等教育学校
②愛光中学校
③済美平成中等教育学校
④新田青雲中等教育学校

### 高知県

①[県立]安芸中学校
高知国際中学校
中村中学校

## 福岡県

① [国立] 福岡教育大学附属中学校（福岡・小倉・久留米）

② [県立]
- 育徳館中学校
- 門司学園中学校
- 宗像中学校
- 嘉穂高等学校附属中学校
- 輝翔館中等教育学校

③西南学院中学校
④上智福岡中学校
⑤福岡女学院中学校
⑥福岡雙葉中学校
⑦照曜館中学校
⑧筑紫女学園中学校
⑨敬愛中学校
⑩久留米大学附設中学校
⑪飯塚日新館中学校
⑫明治学園中学校
⑬小倉日新館中学校
⑭久留米信愛中学校
⑮中村学園女子中学校
⑯福岡大学附属大濠中学校
⑰筑陽学園中学校
⑱九州国際大学付属中学校
⑲博多女子中学校
⑳東福岡自彊館中学校
㉑八女学院中学校

## 佐賀県

① [県立]
- 香楠中学校
- 致遠館中学校
- 唐津東中学校
- 武雄青陵中学校

②弘学館中学校
③東明館中学校
④佐賀清和中学校
⑤成穎中学校
⑥早稲田佐賀中学校

## 長崎県

① [県立]
- 長崎東中学校
- 佐世保北中学校
- 諫早高等学校附属中学校

②青雲中学校
③長崎南山中学校
④長崎日本大学中学校
⑤海星中学校

## 熊本県

① [県立]
- 玉名高等学校附属中学校
- 宇土中学校
- 八代中学校

②真和中学校
③九州学院中学校
④ルーテル学院中学校
⑤熊本信愛女学院中学校
⑥熊本マリスト学園中学校
⑦熊本学園大学付属中学校

## 大分県

① [県立] 大分豊府中学校
②岩田中学校

## 宮崎県

① [県立] 五ヶ瀬中等教育学校

② [県立]
- 宮崎西高等学校附属中学校
- 都城泉ヶ丘高等学校附属中学校

③宮崎日本大学中学校
④日向学院中学校
⑤宮崎第一中学校

## 鹿児島県

① [県立] 楠隼中学校
② [市立] 鹿児島玉龍中学校
③鹿児島修学館中学校
④ラ・サール中学校
⑤志學館中等部

## 沖縄県

① [県立]
- 与勝緑が丘中学校
- 開邦中学校
- 球陽中学校
- 名護高等学校附属桜中学校

## もっと過去問シリーズ

### 北海道

北嶺中学校
7年分（算数・理科・社会）

### 静岡県

静岡大学教育学部附属中学校
（静岡・島田・浜松）
10年分（算数）

### 愛知県

愛知淑徳中学校
7年分（算数・理科・社会）
東海中学校
7年分（算数・理科・社会）
南山中学校男子部
7年分（算数・理科・社会）
南山中学校女子部
7年分（算数・理科・社会）
滝中学校
7年分（算数・理科・社会）
名古屋中学校
7年分（算数・理科・社会）

### 岡山県

岡山白陵中学校
7年分（算数・理科）

### 広島県

広島大学附属中学校
7年分（算数・理科・社会）
広島大学附属福山中学校
7年分（算数・理科・社会）
広島学院中学校
7年分（算数・理科・社会）
広島女学院中学校
7年分（算数・理科・社会）
修道中学校
7年分（算数・理科・社会）
ノートルダム清心中学校
7年分（算数・理科・社会）

### 愛媛県

愛光中学校
7年分（算数・理科・社会）

### 福岡県

福岡教育大学附属中学校
（福岡・小倉・久留米）
7年分（算数・理科・社会）
西南学院中学校
7年分（算数・理科・社会）
久留米大学附設中学校
7年分（算数・理科・社会）
福岡大学附属大濠中学校
7年分（算数・理科・社会）

### 佐賀県

早稲田佐賀中学校
7年分（算数・理科・社会）

### 長崎県

青雲中学校
7年分（算数・理科・社会）

### 鹿児島県

ラ・サール中学校
7年分（算数・理科・社会）

※もっと過去問シリーズは
国語の収録はありません。

教英出版
〒422-8054
静岡県静岡市駿河区南安倍3丁目12−28
TEL 054-288-2131
FAX 054-288-2133
詳しくは教英出版で検索
教英出版 検索
URL https://kyoei-syuppan.net/

# 令和六年度　飯塚日新館中学校　入学試験国語問題

（45分）

注意　答えはすべて『解答用紙』に書きなさい

## 一

**次の文章を読み、あとの問に答えなさい。答えは全て解答用紙に記入し、句読点は一字に含む。**

満場一致《いっち》で決まるはずだった。自信はあった。発表した時《とき》のみんなの反応はばっちりだったし、担任の本宮《もとみや》先生も、いいぞ、というふうに大きくうなずいていたし、書記をつとめる川原《かわはら》くんは、きみの発表した案をひときわ大きく黒板に書いてくれた。

〈信号は　渡る前にも　右左〉

交通安全の標語だった。来週から始まる秋の全国交通安全週間に向けて、全校でクラスごとに標語とポスターを作る。五年三組の標語は、きみの考えた案で決まり——のはずだった。

ライバルはない。他の案はどれもつまらない。〈雨の日は　傘《かさ》を差すから　ア**あぶない**よ〉だの〈気をつけようガードレールの　ない道路〉だの〈行き帰り　まっすぐ前見て　歩こうよ〉だの……。

標語の上手《うま》い下手《へた》なんて、本当《ほんとう》はきみにもよくわからない。みんなにもわからない。だから、おそらく、きみが勝つ。和泉文彦《いずみふみひこ》——「ブンちゃん」が考えた標語だからというだけで、みんなの頭には、①**それ**が一番なんだ、というのが刻《こ》み込まれる。五年三組はそういうクラスで、きみは、そんな五年三組の、間違いなくヒーローだった。

ブンちゃん——次は、きみの話だ。

「他に意見はありませんか？」

司会の細田《ほそだ》くんが、教卓《きょうたく》から教室を見回《まわ》して言った。

「決まりだろ、もう」

すかさず三好《みよし》くんが言った。「ブンちゃんのでいいじゃん、サイコーだもん」とつづけ、きみをちらりと見て、へへっと笑う。

「だめだよ」きみは怒《おこ》った顔で言った。「②**ちゃんと投票して、多数決で決めようぜ**」

はっきりと「勝ち」がわかった方《ほう》が気分がいい。負けるはずがない。勉強でもスポーツでも、五年三組の男子できみにかなう子は誰《だれ》もいない。

「じゃあ、投票にする？」

細田くんは自信なさげにきみを見て言った。学級委員のくせに、困ったときにはいつもきみを見る。一学期の学級委員はきみだった。「委員をイ**つとめる**のは一年に一度だけ」という決まりさえなかったら、二学期もきみが委員に選ばれていたはずだった。

「さんせーい！」

きみが手を挙げて応《こた》えると、細田くんはほっとした顔になり、ようやく学級委員の威厳《いげん》を取り戻《もど》して「じゃあ、投票にします」と言った。そこまでは③**筋書《すじが》き通《どお》り**だった。

でも、黒板に向いた細田くんの視線を引き戻すように、教室の後ろから声が聞こえた。

「意見、言っていいですか？」

耳慣《な》れない男子の声だった。あいつだ、とすぐにわかった。二学期から入ってきた転校生——五年三組の一員になってまだ十日足らずの、中西《なかにし》くんだ。

予想外のことに細田くんは言葉に詰《つ》まり、救いを求めるようにきみを見た。

出端《ではな》をくじかれたきみはムッとして、でもそれを顔には出さずに、いーんじゃない？　と目で応えた。その視線を、中西くんにむけて滑《すべ》らせる。おとなしい奴《やつ》だと思っていた。前の学校は、市役所の近くの城山《しろやま》小学校だった。二丁目に建ったばかりのマンションに引っ越《こ》してきた。知っているのはそれだけだ。

中西くんは席に着いたまま、黒板を指差して、「和泉くんの提案した標語、いいけど、ちょっと間違っていると思います」と言った。「直した方《ほう》が、ずっとよくなるから」

教室は一瞬《いっしゅん》静まり返った。男子の何人かがきみを振《ふ》り向き、女子の何人かは④**怪訝《けげん》そう**に顔を見合わせた。

中西くんは落ち着いた口調で、きみの標語の間違いを説明した。このままでは意味が通らない、渡るのは横断歩道や交差点なんだから「信号を渡る」という言い方はおかしい、「渡る前」と言うのなら、「信号」ではなくて「横断歩道」や「交差点」に替《か》えた方がいい……。

⑤**教室がざわついた**。男子は困惑《こんわく》顔できみと中西くんを交互《ご》に見るだけだったが、女子は小声でしゃべりながら、そうだよね、とうなずいている子が多かった。きみはあわてて本宮先生の顔を盗《ぬす》み見た。先生は腕組《うでぐ》みをして、ふむ

ふむ、と中西くんの意見に納得《なっとく》している様子だった。
「だめだよ、変だよ、それ」
きみは声を張り上げる。「絶対だめだよ、そんなの、そっちの方《ほう》がおかしいって」と一息につづけ、そこから先はとっさに考えたことを口にした。
「『交差点』なんて言っても、一年生や二年生だと意味わかんないよ。難しい言葉をつかってカッコつけても、意味がわかんなかったら標語にならないから、だからオレ、わざと『信号』にしたんだよ」
⑥**中西くんをにらみつけた**。でも、中西くんはきみには目を向けず、細田くんに「もっといい直し方があります」と言った。
冷静な中西くんの口調や表情に吸い寄せられたみたいに、細田くんは「発表してください」と応え、川原くんもチョークを持って黒板に向かった。
〈信号は　青になっても　右左〉
黒板の字は、途中から――「青になっても」の一言に、川原くんが、あ、そっか、とうなずいたのをゥ**境**に大きくなった。
教室のざわめきも、どっちつかずで揺《ゆ》れ動いていたのが、しだいに一つの声のェ**束**にまとまっていった。うなずくしぐさがあちこちで交わされる。三好くんが、ブンちゃんどうする？　と心配そうにこっちを見ていた。それがうっとうしくて、よけい悔《くや》しくて、きみはそっぽを向いて椅子《いす》に座《すわ》り直《なお》し、⑦**窓の外を見つめた**。

（重松清著「きみの友だち」新潮文庫刊より）

問一　――線ア～エまでのひらがなは漢字で書き、漢字は読みをひらがなで書きなさい。送り仮名が必要な場合は正しく送ること。

問二　――線①「それ」が指す具体的な標語を本文中から書き抜きなさい。

問三　――線②「ちゃんと投票して、多数決で決めようぜ」とありますが、このようにブンちゃんが自分で言い出した理由を本文中の言葉を使って三十五字以内で書きなさい。

問四　――線③「筋書き通り」とありますが、ブンちゃんの「筋書き」では、この後どのようになるはずでしたか。「投票」「標語」という言葉を使って「～になるはず。」で終わるように二十五字以内で書きなさい。

問五　――線④「怪訝そうに」の意味として最も適切なものを次の中から一つ選び、記号で答えなさい。
ア　おびえこわがるような様子で。
イ　反発を表すような様子で。
ウ　あやしげな様子で。
エ　わけがわからず、納得がいかない様子で。

問六　――線⑤「教室がざわついた」とありますが、その理由を「転校生」「説得力」という言葉を使って四十字以内で書きなさい。

問七　――線⑥「中西くんをにらみつけた」とありますが、この時のブンちゃんの気持ちとして最も適切なものを次の中から一つ選び、記号で答えなさい。
ア　今までのプライドを傷つけられ、その言動にいかりを覚える気持ち。
イ　本宮先生までが、中西くんの意見に納得していることに不安を覚える気持ち。
ウ　クラスの中に、自分の味方が一人もいなくなることにあせりを覚える気持ち。
エ　司会の細田くんが、困った時だけ自分を頼ることにいらだちを覚える気持ち。

問八　――線⑦「窓の外を見つめた」とありますが、この時のブンちゃんの気持ちをまとめた次の文の（　）に当てはまる言葉を（　A　）は四字、（　B　）は二字で本文中から抜き出し、（　C　）は本文中の言葉を使って三字で書きなさい。

> 転校生の中西くんの意見にみんなが賛成することに加えて、（　A　）あつかいされていた自分が（　B　）されていることに（　C　）を感じている。

二

**次の文章を読み、あとの問に答えなさい。答えは全て解答用紙に記入し、句読点は一字に含む。**

　*柳田《やなぎた》はウソ、特に子どものウソに対して*寛容《かんよう》であるが、その根拠《きょ》として、昔は「ウソ」は「ヲソ」などと呼ばれていて虚偽《きょぎ》という意味よりも、面白いお話という意味が強かった、ということをあげている。「以前は村々には評判のウソツキという老人などが、たいていは一人ずつ住んでいて人々を楽しませていた。」そして、「人望のあるウソは必ず話になっている。むつかしい語で申せばもう文芸化している」というわけである。「とにかくにこの人生を明るく面白くするためには、ウソを欠くべからざるものとさえ考えている者が、昔は多かった。」つまり、**①このような「ウソ」**によって、場全体の雰《ふん》囲気をうまく保《たも》てたのである。

　ところが、近代になって欧米《おうべい》の影響を受けると、「ウソ」も「虚偽《きょぎ》」も一括《いっかつ》して「これを悪事と認定するような風潮が起こった」と柳田は言う。そして、柳田は西洋と日本の違いを当時既《すで》によく認識しており、日本では平気で「ウソばっかり」とか「ウソおっしゃいよ」とか言うが、これをそのまま英語に直訳すると大変なことになると指摘《てき》している。これに続いて彼の言うところが面白い。「近頃この*趨勢《すうせい》を何となく感じた者が、『ウソおつきなさいよ』の代わりに『ごじょうだんでしょう』を用いるようになった。これに冗談という文字などを当てて、むだ口のことと解する人もあるが、そんな日本語があろうはずはない。」

　現在では東京でも「ごじょうだんでしょう」と言う人は少ないのではなかろうか。私の父は関西の田舎《いなか》の出身だが、若いときに上京し、東京人に「ごじょうだんでしょう」と言われてショックを受けた、と話をしてくれたことがある。自分が話をしたことに対して、「ウソばっかり」と言われても平気だったろうが、「じょうだん」と言われて参ったのである。これは、ウソとじょうだんの受けとめ方の相異《そうい》を示していて一考に値する。

　場を保つために、日本では「ウソ」がある。これに対して、西洋ではジョークがあるのではなかろうか。ここで大切なことは、日本では、場の方から発想し、次に個人に及んでくるが、西洋では、まず個人があり、その次に個人と個人の関係を円滑にする(日本的に言えば、場を保つ)ことが考えられるので、その在り方が異なってくることである。日本人であれば、その場を保つためには、あることないことを適当に話をしても、その言葉に個人としての責任はない(と言っても程度があって、あまりに「場あたり」のことを言うのはよくないと考えられる)。これに対して、欧米人の場合は、どんな場合にでも発言したことについてはその人の責任が伴うので、日本人的「ウソ」は言えない。と言って、すべての人が「ホント」のことばかり話をすると、ギクシャクしてきてたまらない。そこで、ジョークを言うことが必要になる。ジョーク抜きでは対人関係がうまくいかないのである。

　相手から何かが要求されるが、それは到底できそうにない。そのとき日本的であれば、相手の気持ちを汲《く》んで、「難しいことですが、何とか考えてみましょう」と言う。しかし、これは西洋から見れば「ウソ」である。西洋人の場合は、「ノー」と言うわけだが、このときに場を和らげようとすると、ジョークが用いられる。そのジョークのなかに、相手の気持ちや、自分はどうしてもやりたいとは思うけれどできない、などという気持ちがうまく入れこまれていると、この人は「社交性」があるということで評価される。

　「社交的」という言葉は、日本ではむしろ否定的な感じを与える。しかし、欧米では、それはむしろ当然のことである。あちらでは、子どものときから「社交的」であるためのエチケットやふるまいについて訓練される。日本人は「ノーと言えない」などと言われるので、それを意識して、欧米人とつき合うときは、「ノー」と言うべきだと張り切る人がいる。残念ながら、そんなときに社交性を身につけないままで「ノー」と言うので、大変*粗野《そや》に見えたり、無礼に感じられたりする。それぞれの文化は、長い歴史のなかで、全体的にその生き方を洗練してきているので、他の文化とつき合うのは、ほんとうに難しいことである。

　**②こんな体験を**していると、無理して欧米に同調するよりは、日本の方法に頼りながら、その意味を説明する方がいいのじゃないか、と思ったりする。欧米の規範《きはん》によると、日本人は「うそつき」ということになりやすいが、実はそうではないこと、場を出発点とするか、個を出発点にするかによって、言語表現の在り方がどう異なってくるか、などについて説明するとよい。欧米中心の考えは今も根強いが、他文化に心を開こうとする人も増えてきたので、この方が喜ばれることもある。

（河合隼雄「日本人の心のゆくえ」岩波書店より）

*柳田《やなぎた》…柳田國男《くにお》。日本の伝統的文化の研究者。
*寛容《かんよう》…こころが広く、受け入れてくれる様。
*趨勢《すうせい》…物事の成り行き、傾向。　　*粗野《そや》…荒々しくて、下品なこと。



2024(R6) 飯塚日新館中
教英出版

問一 ――線①このような「ウソ」とはどのようなものか。次の文章の空欄《らん》に入る最も適切な語句を、本文中から五字でそのまま抜き出して書きなさい。

> 悪意をふくまず、［　　　　　］といった色あいが濃く、人を楽しませるもの

問二 左の表は、本文について書かれている日本の「ウソ」と、西洋の「ジョーク」を対比させて整理したものである。西洋のジョークを使う場面について、四十字以内で説明し表を完成させなさい。

| | 日本のウソ | 西洋のジョーク |
|---|---|---|
| 使う場面 | 「場」をなごませる | 「個人と個人」を円滑にする |
| | 相手からの要求に応えられそうにない時、相手の気持ちを汲《く》んで「なんとか考えてみましょう」とウソをつく。 | 四十字以内で完成させなさい |

問三 ――線②「こんな体験」とは、どのような体験か。四十五字以内で書きなさい。

問四 本文の内容を説明した文として最も適切なものを、次の中から一つ選び、記号で答えなさい。

ア 筆者は、昔の日本は場を和ませるための「ウソ」を利用していたことを紹介し、現代においても「ウソ」は必要だと述べている。

イ 筆者は、「ウソ」に対する日本と欧米の考え方の相違を述べながら、他文化との交流では日本式の表現を取り入れることも必要だと述べている。

ウ 筆者は、日本人がその場を保とうとするために適当なことを話している例を挙げ、現代の日本人は無責任であると非難している。

エ 筆者は、日本人のあいまいな「ウソ」を否定しながら、日本人も欧米人のように「ノー」と明確に言うべきであることをすすめている。

## 三

**次の意味を表すように（　　）にあてはまるもっとも適切なことばを一つ選び、記号で答えなさい。**

①（　　）も木からおちる。　意味：どんな名人も失敗はある。
　ア 馬　イ 猿　ウ 父　エ 鳥

②（　　）を正す。　意味：気持ちを引きしめる。
　ア そで　イ 帯　ウ えり　エ ボタン

③（　　）を振るう。　意味：自分の特技をひとに見せる。
　ア 旗　イ 棒　ウ はし　エ 腕

④（　　）の目にも涙。　意味：冷たく、厳しい人でも時には涙することがある。
　ア 犬　イ 母　ウ 鬼　エ 猫

⑤（　　）から目薬。　意味：思い通りにいかず、もどかしいこと。
　ア 二階　イ 棚《たな》　ウ 朝　エ 食卓

## 四

**次の□にひらがなを入れて、意味の通る文にしなさい。**

①私の家は田舎にある□□、とっても静かだ。
②もっと勉強しておけ□、成績がよかったかもしれない。
③太郎くんは研究熱心□、勉強家だ。
④雨があがった□、家ですごした。
⑤父が新しく車を買った□、家族でドライブに行きたい。

## 五

**次の言葉を使ってそれぞれ三十字以内で文を作りなさい。**

①「五十歩百歩」
②「猫に小判」

**国語の試験問題は以上です。**

令和６年度　飯塚日新館中学校　**入学試験算数問題**

(45分)　**注意**　答えはすべて「**解答用紙**」に書きなさい。

1　次の計算をしなさい。

（１）　$876-539+124=$ □

（２）　$30\div5\times6-18\div2=$ □

（３）　$151.29\div12.3=$ □

（４）　$10+15\div\{(8+7)\div5+2\}=$ □

（５）　$24\times(1\frac{1}{4}-\frac{1}{6}+\frac{3}{8})=$ □

（６）　$0.8\times\frac{5}{6}\times0.75\div\frac{7}{6}\times0.875=$ □

（７）　$46\times1\times2+46\times3\times4+46\times5\times6=$ □

2　次の □ の中に，あてはまる数を入れなさい。

（１）　$6\times$ □ $-3=15$

（２）　次の数の列は，ある決まりにしたがって並んでいます。

$$1,1,\frac{1}{2},1,\frac{1}{2},\frac{1}{3},1,\frac{1}{2},\frac{1}{3},\frac{1}{4},1,\frac{1}{2},\cdots$$

この数の列で，最初から数えて30番目にくる数は □ です。

（３）　1，2，3，4の数字が書かれた4枚のカードが1枚ずつあります。このカードの中から2枚を選んで順番に並べて2けたの整数をつくります。このとき，2けたの整数は全部で［ア　　個］できます。また，できた2けたの整数を全部たすと［イ　　］になります。

（４）　1周3600$m$の池の周りを，Ａさんは分速120$m$，Ｂさんは分速80$m$で進みます。2人が同じ地点から反対向きに同時に出発するとき，最初に出会うのは，出発して［　　分後］です。

（５）　1枚のこう貨を投げるゲームをします。表が出たら4点もらえ，裏が出たら1点ひかれます。最初の持ち点が100点で，100回投げたら360点になりました。裏が出たのは［　　回］です。

（６）　定価2000円のＴシャツが2割引で売られていました。このＴシャツに10%の消費税がかかるとき，支払った代金は［　　円］です。

3　次の各問いに答えなさい。

（１）　右の図は点Ｏを中心とする半円です。
角アの大きさを求めなさい。

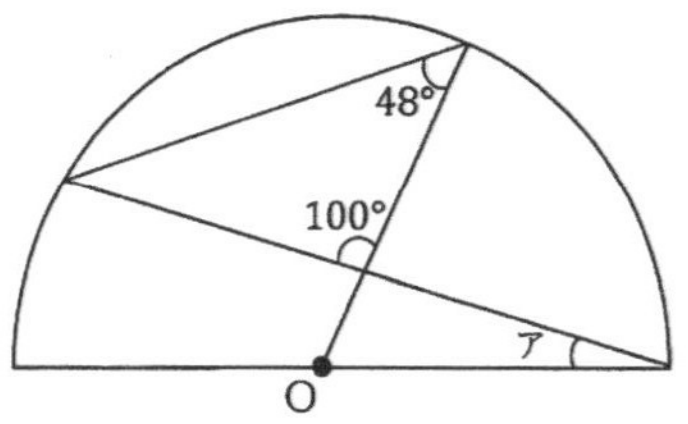


［　　度］

（２）　右の図は半径6$cm$の4つの円をつないだものです。
色をつけた部分の面積を求めなさい。ただし，
円周率は3.14とします。

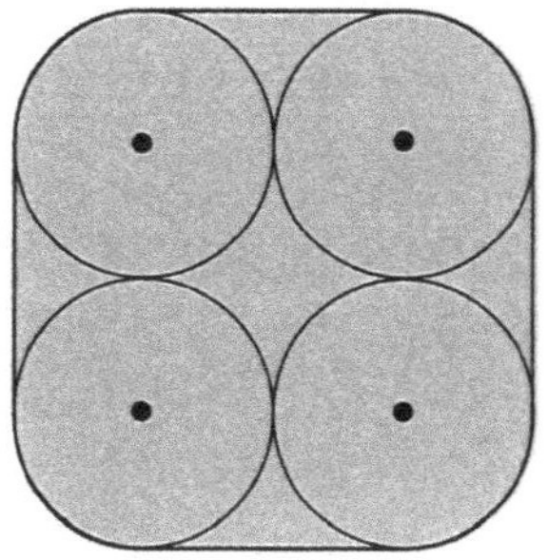

［　　$cm^2$］

4　かべにペンキをぬります。1日目にかべ全体の$\frac{2}{5}$をぬり，2日目に残りの$\frac{4}{7}$と11$m^2$だけぬると，ペンキをぬっていない部分が13$m^2$残ります。かべの広さは何$m^2$か，答えなさい。

［　　$m^2$］

5 下の図1は正三角形です。図2は，図1の正三角形を8枚つなぎ合わせて作った立体です。次の問いに答えなさい。

図1

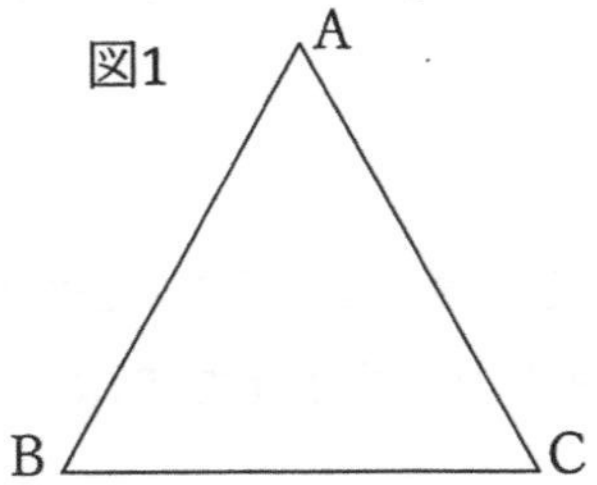


図2

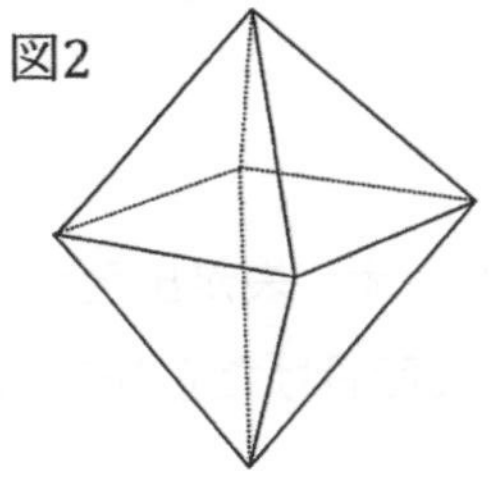

図3

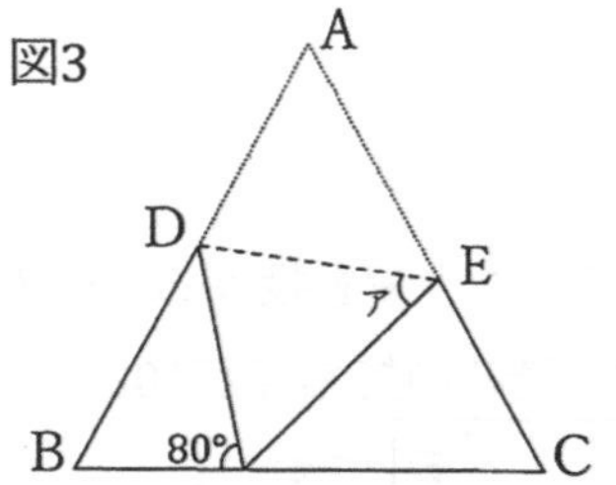


（1） 上の図3は，図1の正三角形の頂点Aが辺ＢＣと重なるようにＤＥで折り曲げた図形です。アの角の大きさを求めなさい。

度

（2） 下のイ～オは，図2の立体の展開図です。展開図として正しくないものを1つ選び，記号で答えなさい。

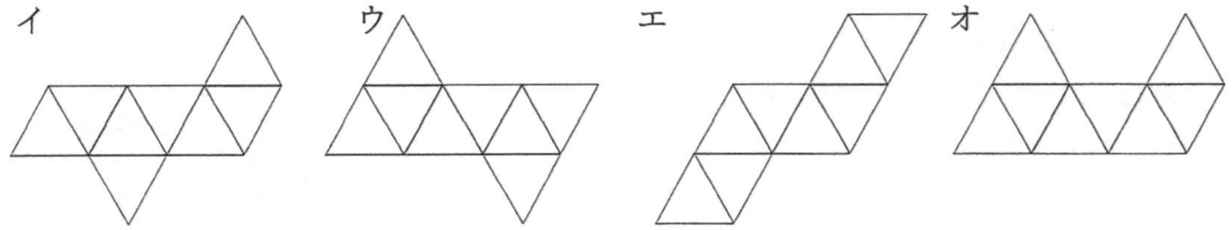


（3） 図2の立体の1つの面を下にして，水平な机の上に置いたとき，真上から見た図として最も適当なものをカ～ケの中から1つ選び，記号で答えなさい。

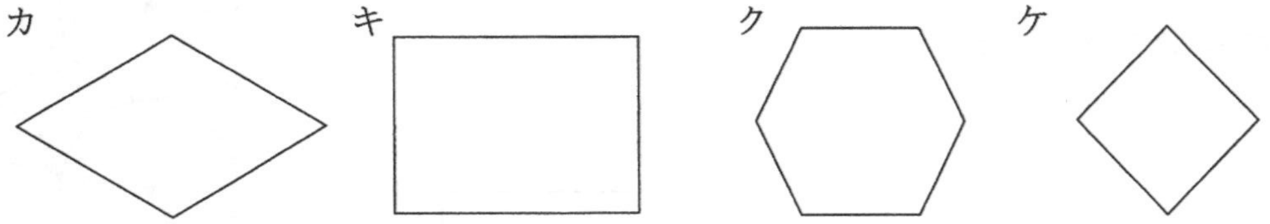


（4） 下の図4は，図2の立体の各辺の真ん中の点をG，H，I，Jとしたものです。この立体を4点G，H，I，Jを通る平面で切ったとき，切断面の面積は図1の正三角形の面積の何倍になりますか。

図4

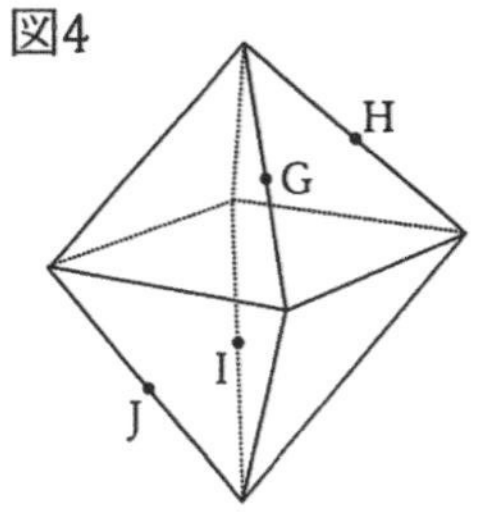


倍

6 下の図1のような，深さ30$cm$の直方体の水そうがあります。水そうには仕切りがあり，底面の仕切りで分けられた部分の上には，じゃロアとじゃロイがついています。じゃロア，イは一定の割合で水を入れることができます。じゃロアがある側の底面積は300$cm^2$です。水の入っていない状態から，まずじゃロアだけを開けて水を入れ，仕切りからあふれた時点で，じゃロアは開いたままでじゃロイからも毎秒50$cm^3$の水を入れ始めました。図2はじゃロアから水を入れ始めてからの時間と，じゃロアがある側の水面の高さの関係をグラフにしたものです。なお，水そうは水平においてあり，仕切りの厚さは考えないものとします。このとき，次の問いに答えなさい。

図1

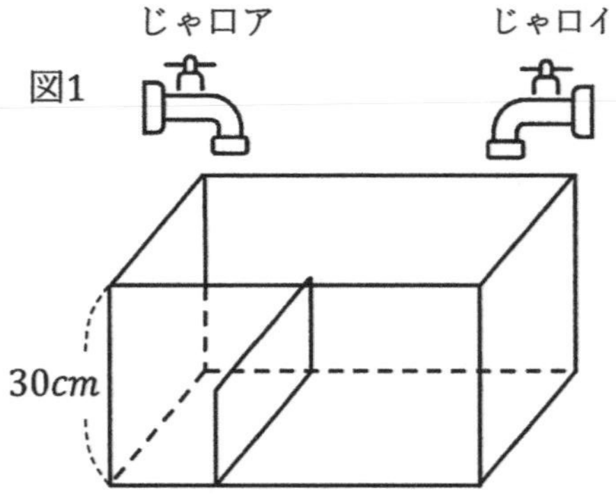


図2

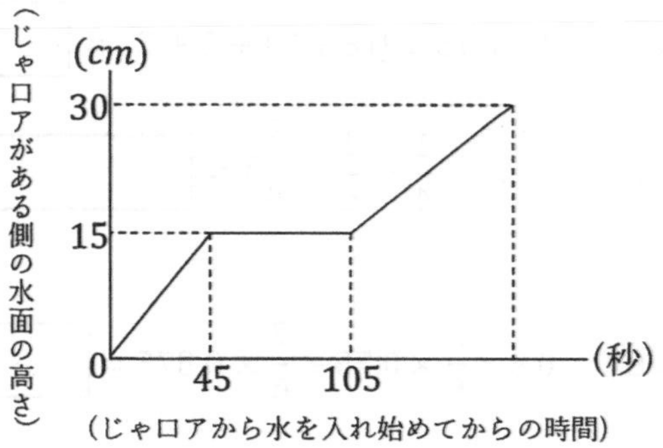


（1） 仕切りの高さは何$cm$ですか。

$cm$

（2） じゃロアから出る水の量は毎秒何$cm^3$ですか。

毎秒 $cm^3$

（3） 水そう全体の底面積は何$cm^2$ですか。

$cm^2$

（4） 水そうがいっぱいになるのは，じゃロアから水を入れ始めてから何秒後ですか。

秒後

令和６年度　飯塚日新館中学校

# 入学試験総合問題

（40分）

## 注意

- 試験監督の指示があってから**『受験番号』**と**『名前』**を書きなさい
- 答えはすべて**『問題用紙』**に書きなさい

| 受験番号 | | 氏名 | | 得点 | ※50点満点<br>（配点非公表） |
|---|---|---|---|---|---|

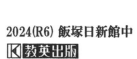

**1**　これから、（１）と（２）のそれぞれについて、ア・イ・ウ・エの４つの文章を英語で放送します。絵の内容にもっとも適《てき》するものを１つ選んで記号で答えなさい。

英文は２回くり返します。

**※音声は収録しておりません**

（１）

（１）解答

（２）

（２）解答

（１）　A と B に入る言葉を書きなさい。

A　　　　B

（２）　下線部❶の「がい数」とは、およその数のことをいいます。日常生活の中でがい数が使われている具体的な例とその理由を説明しなさい。

（３）　C には、身の回りのものを使って円周率を求めるための、自宅にあるような身近な物が入ります。その物を３つ以上答えなさい。

（４）　D には、（３）で用意した身の回りのものを使って円周率を求める方法が入ります。その方法を答えなさい。

（５）　図１と図２を使って、「円周率が３より大きく４より小さいこと」を説明しなさい。

## 4 先生と千夏さんの会話を読んであとの問いに答えなさい。

先生　「円周率っていくつだったか覚えてる？」

千夏　「はい、覚えてます。3.14です。」

先生　「じゃあ円周率は何と何の関係を表してるものだったか分かる？」

千夏　「［ A ］と［ B ］の比率です。」

先生　「よく覚えてたね。［ A ］に対する［ B ］の比率を表してるのが円周率だったね。3.14もあくまで❶がい数であって、本当は、3.1415926535897… とどこまでも続く数だったことも忘れないようにしておこう。」

千夏　「先生、円周率が3.14になるってどうして分かるんですか？」

先生　「とてもいい質問だね。では、数学的な要素を使わずに、身の回りのものを使って実際にやってみるのはどうだろう？何か思いつくかな？」

千夏　「分かりました。用意するものは、

［ C ］

そして、これらの道具を使って

［ D ］

このようにやってみると円周率が計算できませんか？」

先生　「なるほど。すごくいい方法だね。これで近い値まで計算できそうだ。
では、数学的な方法も考えてみよう。下の図を見てごらん。直径1cmの円とその内側に正六角形が接している図1と、直径1cmの円とその外側に正方形が接している図2があるね。この2つの図を使うと、円周率は3より大きく4より小さいことが説明できるんだ。」

千夏　「分かりました。やってみます。」

図1

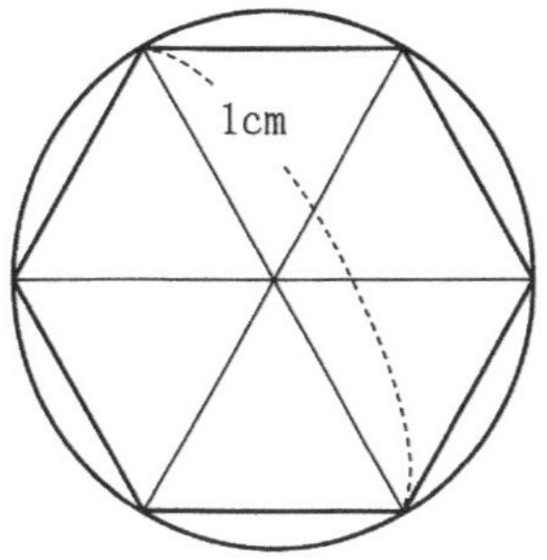


図2

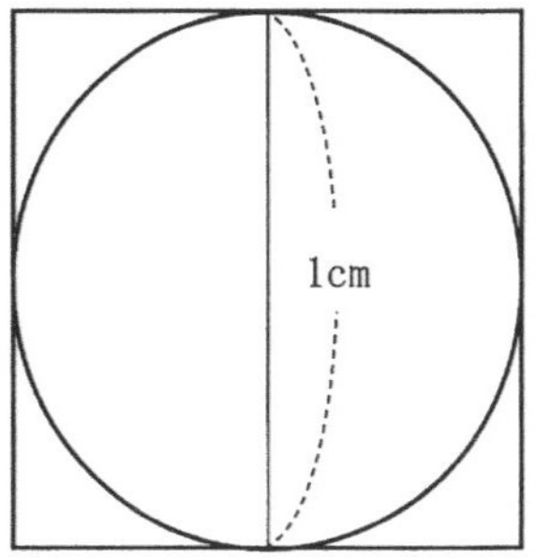


## 2 これから、アメリカから来た留学生のナンシーが自己紹介《しょうかい》をします。自己紹介の中で、ナンシーは好きなことや、やりたいことを話します。その好きなことと、やりたいことを1つずつ、下の解答枠《わく》にイラストで描《か》きない。

英文は2回くり返します。解答時間は6分間です。

【好きなこと】

【やりたいこと】

**3** 健太くんの学校では、「防災カルタ」を作ることが全校児童集会で決まりました。カルタは「読み札」と「メッセージ」の２種類を作成します。健太くんのクラスは「た行」を担当することになりました。下の「き」と「ゆ」の「読み札」と「メッセージ」は児童会役員が作ったものです。

（き）
気をつけろ
大きな地震
その後も

【「き」のメッセージ】
大きなゆれの後も余震がやってくるので油断せず安全に行動しましょう。熊本地震のように、本震だと思われた地震の後に、さらに大きな地震がくることもあります。たおれかけた家などには入らないようにしましょう。

（ゆ）
夕食は
家族会議の
大チャンス

【「ゆ」のメッセージ】
いざというときにどこにひなんするのか、ひなん場所の確認や非常時に持っていくものの確認、家族間の連絡方法や集合場所などを決めておくことが大切です。みんなで集まるご飯の時間は大チャンスです。

児童会役員が作ったものを参考にし、あとの問いに答えなさい。

（１） 次の条件にしたがって、「読み札」を作成しなさい。

**条件**

・た行の文字で始めること。
・五・七・五の１７音であること。

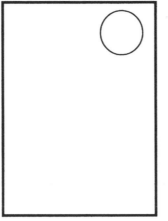

（２） 次の条件にしたがって、「メッセージ」を作成しなさい。

**条件**

・（１）で作った読み札のメッセージであること。
・原稿《こう》用紙は横書きで使用すること。
・８０字以上１００字以内であること。句読点、記号なども１字に含みます。
・最初の１字は空けないこと。

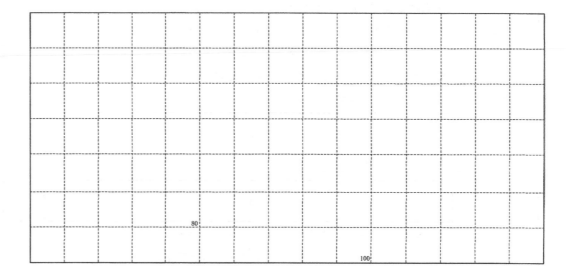

# 令和６年度　飯塚日新館中学校　入学試験総合問題
## 放送原稿

※音声は収録しておりません

１の問題です。いまから聞き取りテストを行います。これから、（１）と（２）のそれぞれについて、ア・イ・ウ・エの４つの文章を英語で放送します。絵の内容にもっとも適するものを１つ選んで記号で答えなさい。英文は２回繰り返します。それでは始めます。

（１）

ア　Let’s play baseball after school.
イ　I like soccer very much.  Let’s play soccer in the park.
ウ　My friends are playing basketball in a school yard.
エ　I don’t like soccer.  I like basketball.  Please tell me the way to the basketball court.

（２）

ア　In Japan it is very hot in summer.
イ　We enjoy TV after dinner.
ウ　I want to go to China someday.
エ　We study English in the classroom on Friday.

２の問題です。これから、アメリカから来た,留学生のナンシーが自己紹介をします。自己紹介の中で、ナンシーは好きなことや、やりたいことを話します。その好きなことと、やりたいことを１つずつ、下の解答枠にイラストで描きない。英文は２回繰り返します。解答時間は 6分間です。それでは始めます。

Hello.  I am Nancy from America.  I live in Iizuka city now.  I like tennis very much.  I play tennis with my friend every Sunday. I also like playing the guitar. I got a guitar from my father.

I have a younger sister in America. Her name is Jane. She will come to Japan for spring vacation. I want to climb Mt. Fuji with Jane.

受験番号

氏名

点数

※100点満点
（配点非公表）

一

問一 ア イ ウ エ

問二

問三

問四

になるはず。

問五

問六

問七

問八 A

問八 B

問八 C

二

問一

問二

問三

問四

三

①

②

③

④

⑤

四

①

②

③

④

⑤

五

①

②

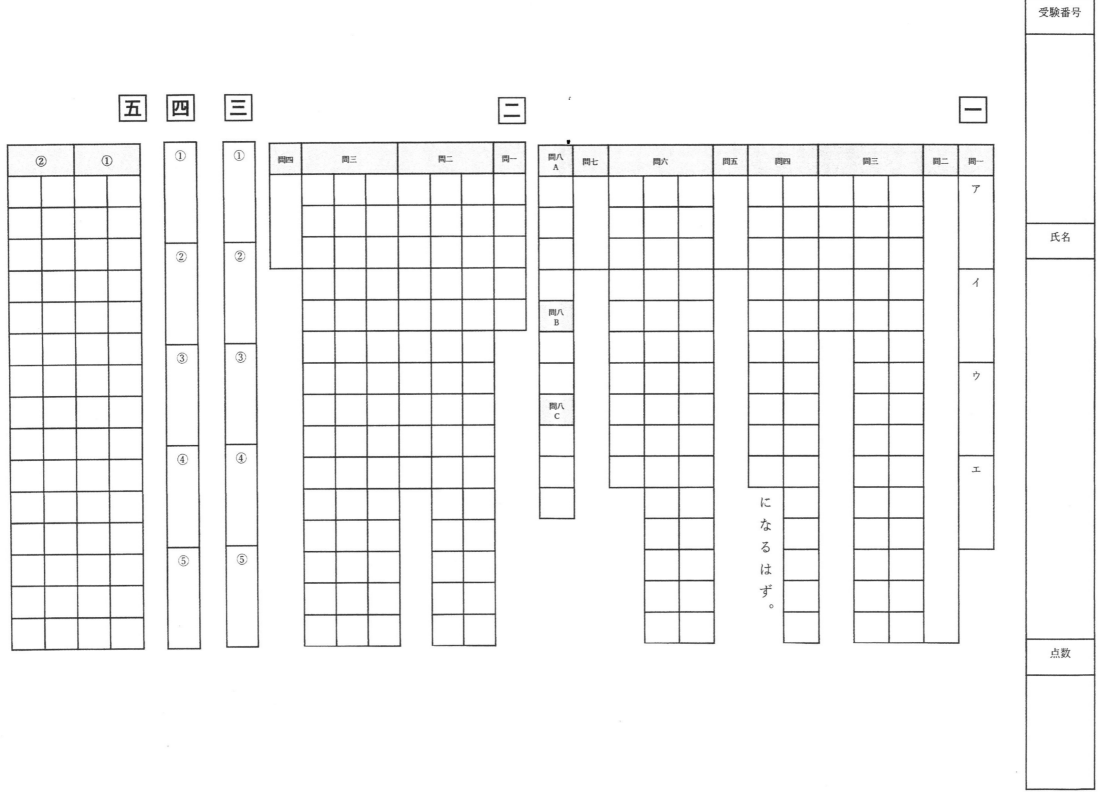

令和６年度 **算数解答用紙**

飯塚日新館中学校

| 受験番号 | | 氏　名 | |
|---|---|---|---|

**1**

| (1) | (2) |
|---|---|
| | |
| **(3)** | **(4)** |
| | |
| **(5)** | **(6)** |
| | |
| **(7)** | |
| | |

**2**

| (1) | (2) |
|---|---|
| | |
| **(3)** | |
| ア　　個 | イ |
| **(4)** | **(5)** |
| 分後 | 回 |
| **(6)** | |
| 円 | |

**3**

| (1) | (2) |
|---|---|
| 度 | $cm^2$ |

**4**

| |
|---|
| $m^2$ |

**5**

| (1) | (2) |
|---|---|
| 度 | |
| **(3)** | **(4)** |
| | 倍 |

**6**

| (1) | (2) |
|---|---|
| $cm$ | 毎秒　　$cm^3$ |
| **(3)** | **(4)** |
| $cm^2$ | 秒後 |

| |
|---|
| ／100点 |

※100点満点
（配点非公表）

# 令和五年度　飯塚日新館中学校　入学試験国語問題

(45分)

注意　答えはすべて『解答用紙』に書きなさい

## 一

次の文章を読んで、あとの問いに答えなさい。（問いは全て句読点を一字に含む。）

生きていく上で、楽しいことがあったり、くやしいことがあったりする。それらがまざりあって、人生をつくる。それは、ひとつのドラマだ。

このドラマにあって、主人公はきみしかいない。だれも、代役はない。そして、一見はつまらなさそうな場面でさえ、このドラマの主人公はきみであって、はでにふるまっている他人ではない。きみだけが、ドラマの主人公なのだ。

もっとも、ドラマというには、ハッピーエンドがない。死がドラマを㋐ちゅうだんする。それでも、生きているかぎり、このドラマを見つづける観客も、これまた、きみだけだ。

してみると、生きているかぎり、この自分自身のドラマを、楽しんでいようじゃないか。

（　A　）波乱がなくても、ときにはみじめな気持ちになることがあっても、それがきみにとってのドラマなのだ。

ときに、①観客の立場に身をうつすのは、よいことだ。みじめな気持ちになったときなど、気が晴れることもある。みじめな自分をいとおしんで、自分で自分に涙《なみだ》するのも、またいい。そうした涙が、次の②幕へきみをみちびくこともある。

なにかにムキになっているとき、その自分を眺《なが》める観客の目を持つのも、おもしろい。少し③喜劇的だなどと、自分を眺めながら進むのも、悪くない。

とくに、イヤなことのあるときは、自分をドラマのなかで眺めるのは、救いになる。イヤなことでも、眺めるぶんには、それを楽しむことすらできる。

ときには、自分に向けての役者として、演技をしちゃったりしてもよい。楽しいのも、くやしいのも、演技にしてしまえば、笑うのだって泣くのだって、あまり遠慮《りょ》がいらない。観客としての自分を楽しますため、ときに※道化てみるのもよい。人生をプレイする精神は、とてもよいものだ。

でも、これがきみだけのドラマであるからには、役者であれ観客であれ、途中でなげるわけにはいかない。いつでも、きみのドラマにたいして誠実であるよりない。人間というものは、どんなときでも、自分にたいしてだけは、誠実であるべきだ。

本当は、生まれたときから、このドラマは㋑はじまってしまっていたのだが、それが、きみに固有のドラマであることに気づきはじめるのは、たぶんきみたちの年ごろからが、多いだろう。④舞《ぶ》台には、いろいろとやっかいな道具だてがあったり、芝居の㋒筋がまがりくねっていたりもするが、それらが、きみのドラマのために用意されている、と思うようになれるのは、きみたちの年齢からだろう。

ここで、どんなときでも、他人が主人公だと思ってはいけない。きみのドラマにあって、きみ以外の他人を、主人公にはできない。きみの人生を生きるのは、きみしかいないからだ。

だから、きみの人生は、きみにとってだけ、すばらしい。そして、きみにとってすばらしいものは、きみのこの人生だけであって、他人のたどるような人生ではない。きみだけが、この人生を生きることができるのだ。

きみのドラマにとって、他人たちは、みな脇《わき》役だ。敵《かたき》役めいた連中だって、きみのドラマを成立させるために、奉仕《ほうし》しているのだ。どんな場面にしろ、きみがぞんぶんにプレイできるよう、用意された舞台だ。このドラマでは、すべてが、きみのためにある。

きみ自身以外にも、他人という観客がいるかもしれないが、彼らは通りすぎていく。だれよりも、自分という観客に向かって、満足のいくプレイを見せてやらねばならない。他人が拍《はく》手しようが、㋓くちぶえを吹こうが、きみにとって大事な観客は、これまた、きみ自身だ。他人に満足させるより、きみ自身に満足させることが大事だ。どんなときでも、自分という観客に見られていることだけは、忘れないほうがよい。

（森毅《つよし》『まちがったっていいじゃないか』ちくま文庫より）

※道化てみる…人を笑わせるような、おどけた動作などをする。

問一 〰〰線㋐から㋓までのひらがなは漢字で書き、漢字はひらがなで書きなさい。
（送り仮名が必要な場合は正しく送ること。）

問二 （　Ａ　）に当てはまる最も適切な言葉を次の中から一つ選び、記号で答えなさい。

ア ちょうど　イ まさか　ウ たいして　エ どうして

問三 ――線①「観客の立場に身をうつす」と同じ意味を表している言葉を文章中から七字で書きぬきなさい。

問四 ――線②「幕」を言いかえた言葉として、適切でないものを次の中から一つ選び、記号で答えなさい。

ア 舞台　イ 段階　ウ 役者　エ 場面

問五 ――線③「喜劇的」と対になる熟語を書きなさい。

問六 ――線④「舞台には・・・たりもする」とありますが、このたとえはどういうことを表しているのですか。次の文の（　）にそれぞれ漢字二字を入れて、その説明となるようにしなさい。

・（　ア　）には、さまざまな（　イ　）が待ち受けていて、なかなか（　ウ　）には進めないということ。

問七 筆者は、生きるうえで演技したり道化てみたりしてもよいと言っていますが、一番大切にしなければならないことは何だと述べていますか。文章中の言葉を使って、二十五字以内で書きなさい。

問八 次のアからエの中で、文章中の内容とあわないものを全て選び、記号で答えなさい。

ア 自分の人生の主人公を演じられるのは、たぶんきみたちの年ごろからだろう。
イ つらいときなどは、自分を外からながめる心のゆとりを持とう。
ウ 自分以外の観客はいずれ舞台の前からいなくなるだろう。
エ 他人が脇役として派手にふるまうほど、自分は人生の主人公として引き立つ。

問九 文章の題名として最もふさわしいものを次の中から一つ選び、記号で答えなさい。

ア 観客として自分を見つめて
イ 自分はいつでも主人公
ウ ドラマの中の人生
エ 自分の人生、他人の人生

## 二

次の文章を読んで、あとの問いに答えなさい。（問いは全て句読点を一字に含む。）

（次の場面は、祖父をなくした少年が、お通夜に来た、昔から祖父の取材をしている記者のシライさんを、宿泊先の『みちしお荘《そう》』に案内し、話をしているところである。）

「これ、ぜんぶ写真なんですか?」
「ああ。ぜんぶ、おじいさんとお父さんの写真だよ」
ほら、これ、とシライさんは封筒《ふうとう》から出した写真を何枚かまとめて少年に渡《わた》した。
祖父と父がいた。船に乗っていた。二人ともいまよりずっと㋐わかい。父はまだ二十歳《はたち》そこそこで、祖父も※1還暦《かんれき》前だった。
はげていない頃《ころ》の写真を見せたらおじいちゃんは恥《は》ずかしがるだろうか、とクスッと笑いかけて、ああそうか、と頬《ほお》をすぼめた。

もうおじいちゃんと話すことはできないんだな。おとといから何度も思ってきたことなのに、いま初めて、それが悲しさと結びついた。

漁をしているときの祖父の写真は、どれもタオルを頭に巻いていた。いつもだ。昔から変わらない。最後の漁に出たおとといもそうだった。出かける前に庭のほうに回る。漁の道具をしまった納屋《なや》の脇《わき》に、針金を渡した物干し台がある。昨日のうちに干しておいたタオルをそこから取って、キュッと頭に巻きつけて、「ほな行ってくるけん」と港へ向かう。漁を終え、魚市場に魚を卸《おろ》し、仲間と軽く一杯やってから家に帰ってくると、頭からはずしたタオルを水洗いして、物干し台の針金にかける。ずっとそうだった。①毎日毎日、それを繰《く》り返していた。

「ほら、この頃はまだお父さんの雰囲気《ふんいき》、あんまり漁師らしくないだろ」

「……はい」

「漁師をつぐのはいやだいやだって、俺《おれ》と酒を飲むと文句ばっかり言ってたんだ」

「そうなんですか？」

「いまは、生まれついての漁師です、って顔してるけどな」

②シライさんはおかしそうに笑った。

グラビアの撮影《さつえい》の仕事は一週間ほどだったが、家に泊《と》まり込んでの取材をつづけたおかげで、祖父や父とすっかり仲良くなった。

「仲良くなったっていっても、俺は東京だから、年賀状のやり取りぐらいしかできなくて、おじいさんが生きてるうちにもう一度会って写真を撮《と》りたかったんだけど……でも、昨日ハジメさんから連絡もらってうれしかったし、けっこうスケジュールはキツかったんだけど、ボクに会えたから、やっぱり来てよかったなあ、って」

シライさんはバッグから別の封筒を取り出して、中に入っていた葉書を「特別に見せてやるよ」と少年の前に置いた。

年賀状だった。差出人は祖父。印刷された文面の横に、手書きの一文が添《そ》えられていた。

〈※2愚息《ぐそく》もようやく一丁前になり、孫もこの四月で六年生です。三代で船に乗れたら嬉《うれ》しいことです〉

祖父の字だ。間違いない、これはおじいちゃんの字だった。

「③ボクは大きくなったら、なにになりたいんだ？」

照れくさかったが、正直に「Jリーガー」と答えた。シライさんは「そうか、じゃあもっとたくさん食べて、もっと大きくならないとな」と笑ってくれた。

陽が落ちてから、少年はシライさんと二人で家に戻った。

シライさんはお通夜の焼香を終えると、広間で親戚《しんせき》や町のひとたちと酒を飲みはじめた。シライさんの持ってきた祖父や父のわかい頃の写真は、みんなの思い出話の※3肴《さかな》になっているようだった。

少年は、また居場所をなくしてしまい、外に出てそっとサッカーボールを蹴《け》ったり、台所を覗《のぞ》いたり、階段の踊《おど》り場に座ってマンガを読んだりして暇《ひま》をつぶした。『みちしお荘』にいた頃はあんなに仲良しだったシライさんが、家に着くとあっさりとおとなの仲間に入ってしまったのが、④ちょっと悔《くや》しかった。

台所の前を通りかかったとき、叔母《おば》さんたちの話し声が聞こえた。祖父のなきがらを清めているときの話だった。㋑くびすじの皺《しわ》をタオルで拭《ふ》いていたら、潮と、魚と、それから錆《さび》のにおいがたちのぼってきたのだという。「何十年も船に乗ってきたんじゃけん、体に㋒しみついとるんじゃろうねえ」と叔母さんが言うと、母が「お義父《とう》さんは風呂が嫌いじゃったけんねえ」と返し、みんなで懐《なつ》かしそうに笑っていた。

おとといまではこの家にいたひとのことを、もうみんなは思い出話にしてしゃべっている。急に寂《さび》しくなった。⑤涙《なみだ》は出なくても、だんだん悲しくなってきた。

玄《げん》関からまた外に出て、庭のほうに回った。

納屋の脇に、ほの白いものが見えた。

祖父のタオルだった。

手を伸ばしかけたが、触《さわ》るのがなんとなく怖《こわ》くて、中途半端《ば》な位置に手を持ち上げたまま、しばらくタオルを見つめた。

「おう、ここにおったんか」

背中に声をかけられ、振り向くと、父とシライさんがいた。

「おじいちゃんの写真、シライさんに見せてもろうとったら、面白かったんじゃ。おじいちゃんは漁に出るときはいつもタオルを巻いとったろう。じゃけん、家におるときの写真を見たら、おまえ、みーんなデコのところが白うなっとるんよ。そこだけ陽に灼《や》けとらんけん……」

父はかなり酔《よ》っているのか、呂律《ろれつ》の怪《あや》しい声で言って、体を揺《ゆ》すって笑った。

「ほいで、いまもそうなんじゃろうか思うて棺桶《かんおけ》を覗《のぞ》いてみたら、やっぱりデコが白いんよ。じゃけん、のう、シライさん、じいさんをええ男にして※4冥土《めいど》に送ってやらんといけんもんのう……」

涙声になってきた父の言葉を引き取って、シライさんが「タオルを取りに来たんだ」と言った。「やっぱり、タオルがないとおじいちゃんじゃないから」

父は涙ぐみながら針金からタオルをはずし、少年に「せっかくじゃけん、おまえも頭に巻いてみいや」と言った。

シライさんも「そうだな、写真撮《と》ってやるよ」とカメラをかまえた。

少年はタオルをねじって細くした――いつも祖父がそうしていたように。

額にきつく巻き付けた。

水道の水で濯《すす》ぎきれなかった潮のにおいが鼻をくすぐった。おじいちゃんのにおいだ、と思った。

「おう、よう似合《にお》うとるど」

父は拍手《はくしゅ》をして、そのままうつむき、太い腕《うで》で目元をこすった。

シライさんがカメラのフラッシュを焚《た》いた。まぶしさに目を細め、まばたくと、熱いものがまぶたからあふれ出た。⑥かすかな潮のにおいは、そこにもあった。

（重松清『小学五年生』文春文庫刊より）

※一部表記を改めた。

※1 還暦…六十歳をむかえること。

※2 愚息…自分の息子。ここでは、少年の父を指す。

※3 肴 …酒を飲む際に、一緒に楽しむ対象のこと。

※4 冥土…なくなった人がいく世界のこと。あの世。

問一 〰〰線㋐から㋒までのひらがなを漢字で書きなさい。（送り仮名が必要な場合は正しく送ること。）

問二 ――線①「毎日毎日、それを繰り返していた」とありますが、「それ」が指す内容が書かれている部分を文章中から探して、初めと終わりの五字を書きぬきなさい。

問三 ――線②「シライさんはおかしそうに笑った」のはなぜですか。それを説明した次の文の［A］・［B］に当てはまる言葉を、［A］は文章中から十字でさがしてぬき出し、［B］は「堂々としているさま」を意味する二字熟語を書き入れなさい。

・昔は酒を飲むと［A］と言っていた少年の父が、今では［B］な漁師になっているから。

問四 ――線③「ボクは大きくなったら、なにになりたいんだ?」とありますが、このときのシライさんの気持ちとして最も適切なものを、次から一つ選び記号で答えなさい。

ア 少年が将来、漁師になるのかどうか心配する気持ち。

イ 少年が将来、漁師になることを期待する気持ち。

ウ 少年が将来、漁師になることをすすめたい気持ち。

エ 少年が将来、漁師にならないことを不安に思う気持ち。

問五 ――線④「ちょっと悔しかった」とありますが、その理由を説明した次の文の[A]・[B]に入る言葉を文章中から、[A]は三字で探して書きぬき、[B]は二十字で探して初めの三字を書きぬきなさい。また、[C]は「負けること」を意味する二字熟語を、[D]は少年の気持ちを考えて書きなさい。

・あれほど[A]だったシライさんが[B]しまい、自分だけひとりぼっちの状況に対して、[C]感と[D]を感じたから。

問六 ――線⑤「涙は出なくても、だんだん悲しくなってきた」とありますが、少年はどのようなことに悲しさを感じたのですか。「祖父」「思い出」という二語を使って、四十字以内で書きなさい。

問七 ――線⑥「かすかな潮のにおい」とありますが、ここでの潮のにおいとは何を表しているか書きなさい。

問八 この文章の内容を説明した文として最も適切なものを次から一つ選び記号で答えなさい。

ア 祖父の死を受け入れられていない少年が、シライさんの話や父の話を聞いて「現実なんだ」と受け止める様子が描かれている。

イ 祖父の死を受け「おじいちゃんともう話すことができない」と初めて実感した少年が、悲しみに暮れる様子が描かれている。

ウ 祖父の死をどのように悲しめばよいのか分からない少年が、写真やタオルをきっかけにその悲しさを実感していく様子が描かれている。

エ 祖父の死を受け入れたあと、祖父の真似をしてタオルを頭にまくことで、将来漁師を継ぐという覚悟の表れが描かれている。

## 三

次のそれぞれの――線部の言葉が直接修飾《しゅうしょく》している言葉を、書きぬいて答えなさい。

① 子どもの　小さな　白い　手のひらに、　妹は　しっかりと　えんぴつを　にぎらせた。

② なかなか　自分の　思い通りに　ボールを　投げる　ことが　できない。

③ おそらく　幼稚園の　弟には　まだ　さかあがりは　できまいと　ぼくは　思った。

④ わたしは　ふと　友だちが　どこにも　いない　ことに　気づいた。

⑤ 昨日、　父親が　出張から　帰る　ことを　姉から　聞かされた。

## 四

次のそれぞれの□に入るもっとも適切な漢字一字を書いて答えなさい。

① 敵チームのあまりの強さに□を巻く。

② 委員長には、きよし君に白羽の□が立てられた。

③ 姉はきれいで優しくて、□の打ちどころがない。

④ チームは□竹の勢いで勝利を重ねた。

⑤ その人は、歯に□着せぬ物言いで人気がある。

## 五

次の文に続く二つの文を、それぞれ【　】の接続語に続けて、十五字以上、二十五字以内で書きなさい。

・冬は、なんといっても寒さがつらい。

①【それに】

②【だから】

# 令和５年度　飯塚日新館中学校　入学試験算数問題

(45分)　　**注意　答えはすべて『解答用紙』に書きなさい**

## 1

次の計算をしなさい。

(1) $987 - 654 + 321 =$ ［　　　］

(2) $21 + 12 \div 2 - 8 \times 3 =$ ［　　　］

(3) $44895 \div 123 =$ ［　　　］

(4) $\{3 \times (1 + 4)\} + 35 \div \{11 - (8 - 2)\} =$ ［　　　］

(5) $2\frac{1}{4} \div \left(\frac{3}{8} + \frac{3}{4}\right) =$ ［　　　］

(6) $0.5 \div 1.5 \times 0.75 \div 1.2 \times 0.8 \div 1\frac{1}{6} =$ ［　　　］

(7) $27 \times 26 + 26 \times 25 + 25 \times 24 + 24 \times 27 =$ ［　　　］

## 2

次の［　　　］の中に，あてはまる数を入れなさい。

(1) $16 - (7 +$ ［　　　］ $\times 4) = 1$

(2) ある金額で仕入れた品物に，仕入れ値の４割の利益を見込んで1120円の定価をつけました。このとき，仕入れ値は［　　　円］です。

(3) 正三角形，正方形，正六角形はすべて線対称な図形です。これらの図形の対称の軸の本数を合計すると［　　　本］になります。

(4) A君はある本を，１日目に全体の $\frac{1}{4}$ にあたるページを読み，２日目に残ったページの $\frac{1}{2}$ にあたるページを読んだところ，あと90ページ残りました。この本は全部で［　　　ページ］あります。

(5) [1],[2],[3],[4] の数字が書かれた４枚のカードがあります。このカードの中から３枚を選びそれを並べて３けたの整数をつくるとき，３けたの整数は全部で［ア　　　個］できます。また，できた３けたの整数の中で，大きい方から５番目の数は［イ　　　］です。

## 3

次の問いに答えなさい。

(1) 右の図の三角形ABCは，ABとACの長さが等しい二等辺三角形です。AD，DE，EF，FC，BCの長さがすべて等しいとき，ア の角の大きさを求めなさい。

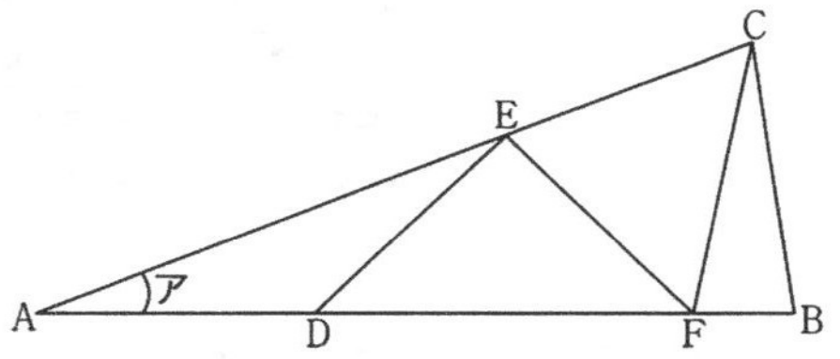


［　　　度］

(2) 右の図は半径6 cmの３つの円とおうぎ形を組み合わせたものです。色をつけた部分の面積を求めなさい。ただし，円周率は3.14とします。

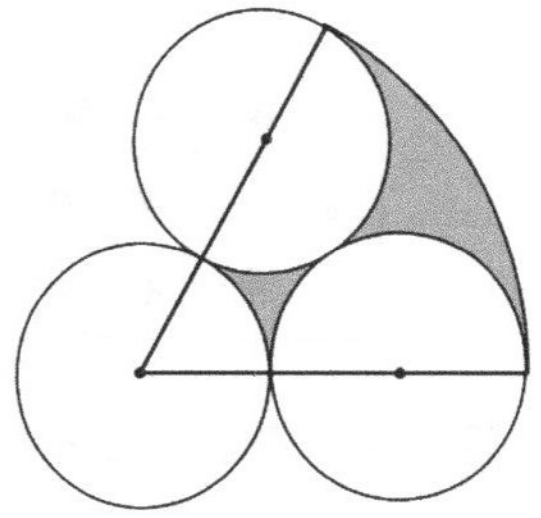

［　　　$cm^2$］

## 4

次の問いに答えなさい。

(1) 家から公園まで行くのに，分速100 mの速さで歩くと予定の時間よりも６分早く着き，分速60 mの速さで歩くと予定の時間よりも10分遅く着きます。予定通りに到着するためには，分速何mの速さで歩くとよいか求めなさい。

［分速　　　m］

(2) ある小学校の修学旅行では，生徒全員に割りあてられた部屋の数が決められていました。その部屋の数は６人部屋，７人部屋，８人部屋があわせて17室あり，これらの部屋を全部使用すると120人の生徒が泊まることができます。ところが，この学校の生徒数は130人のため，６人部屋を７人，７人部屋を８人で使用したら，ちょうど全員泊まることが出来ました。６人部屋が何室あるか求めなさい。

［　　　室］

## 5

右の図1はさいころの展開図で，これを組み立てると図2のように目が並んだ立方体のさいころになります。さいころは向かい合った面の目の数をたすと7になるようにできていることと，図1の目の並びの向きに注意して，次の問いに答えなさい。

図1

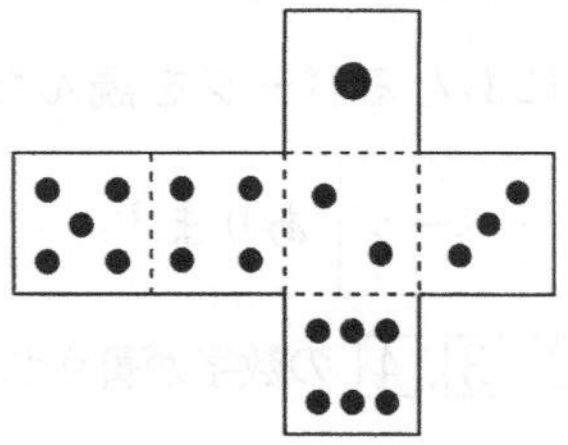

図2

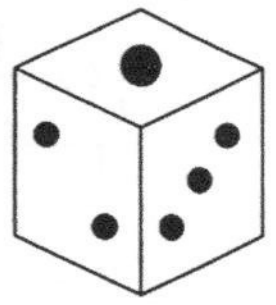

(1) 次の ア～エ のさいころの展開図で，正しくないものを1つ選び，記号で答えなさい。

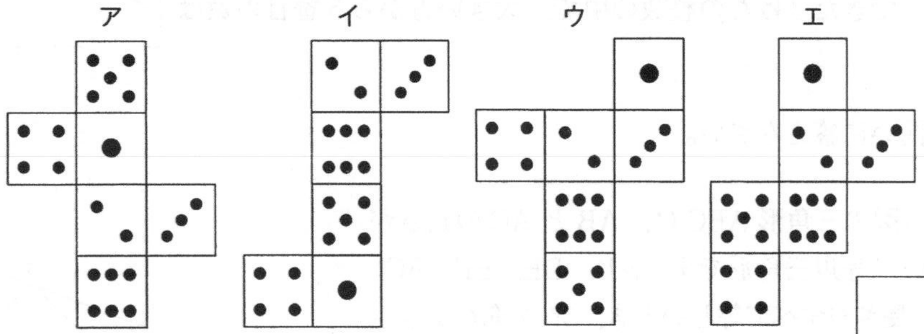


(2) 図2のさいころ5個を下の図3のように並べたとき，さいころとさいころが接している4つの面の，全ての目の数の和を求めなさい。

図3

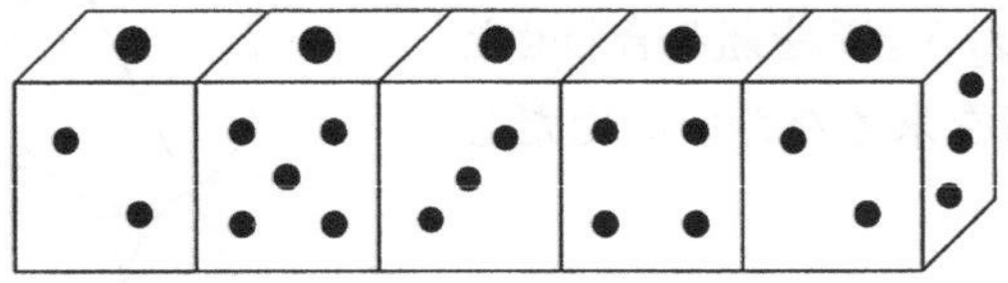

(3) 図2のさいころ3個を，図4のように積み重ねました。さいころとさいころが接している面の目の数をたすと7になっているとき，オ と カ の面の目の数を並び方も考えて正確に書きなさい。

図4

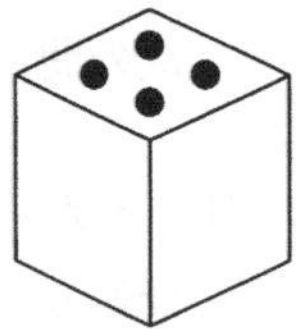

(4) さいころの面と同じ大きさのマス目を書いた紙の上に，図5のようにさいころを置き，キ のマス目まで矢印のようにさいころをすべることなく転がしたとき，キ の面に接しているさいころの目の数を答えなさい。

図5

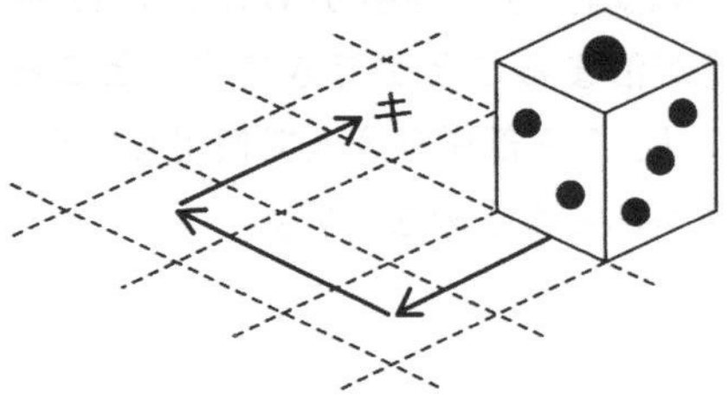


## 6

下の図は，ある規則にしたがって数を並べた表です。この決まりにしたがって表を書き続けたとき，次の問いに答えなさい。

1番目

| |
|---|
| 1 |

2番目

| | |
|---|---|
| 1 | 2 |
| 2 | 2 |

3番目

| | | |
|---|---|---|
| 1 | 2 | 3 |
| 2 | 2 | 3 |
| 3 | 3 | 3 |

4番目

| | | | |
|---|---|---|---|
| 1 | 2 | 3 | 4 |
| 2 | 2 | 3 | 4 |
| 3 | 3 | 3 | 4 |
| 4 | 4 | 4 | 4 |

……

(1) 5番目の表に含まれる数字の合計を求めなさい。

(2) 9番目の表には9が何個含まれているか求めなさい。

個

(3) 10番目の表に含まれる数字の合計と，9番目の表に含まれる数字の合計の差を求めなさい。

(4) 8番目の表において，色をつけた部分に含まれる数字の合計と，色をつけていない部分に含まれる数字の合計の差を求めなさい。

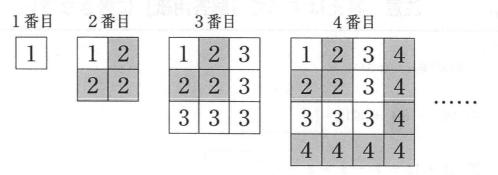

令和五年度

# 国語解答用紙

飯塚日新館中学校

## 一

問一 ㋐ ㋑ ㋒ ㋓

問二

問三

問四

問五

問六 ア イ ウ

問七

問八

問九

## 二

問一 ㋐ ㋑ ㋒

問二 初 〜終

問三 A B

問四

問五 A B C D

問六

問七

問八

## 三

① ② ③ ④ ⑤

## 四

① ② ③ ④ ⑤

## 五

① ②

| 受験番号 |
| --- |
| |
| 氏　　名 |
| |
| 点　　数 |
| ※100点満点（配点非公表） |

令和５年度　**算数解答用紙**

飯塚日新館中学校

**1**

| (1) | (2) |
|---|---|
| | |

| (3) | (4) |
|---|---|
| | |

| (5) | (6) |
|---|---|
| | |

| (7) |
|---|
| |

**2**

| (1) | (2) |
|---|---|
| | 円 |

| (3) | (4) |
|---|---|
| 本 | ページ |

| (5) | |
|---|---|
| ア　　　　個 | イ |

**3**

| (1) | (2) |
|---|---|
| 度 | $cm^2$ |

**4**

| (1) | (2) |
|---|---|
| 分速　　　m | 室 |

**5**

| (1) | (2) |
|---|---|
| | |

| (3) | (4) |
|---|---|
| 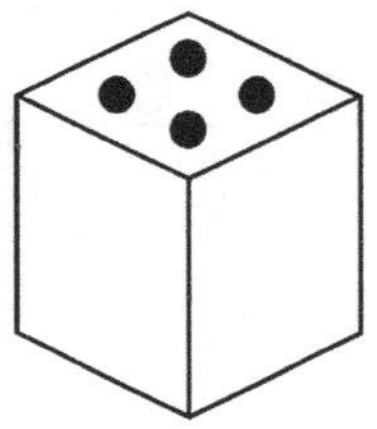 | |

**6**

| (1) | (2) |
|---|---|
| | 個 |

| (3) | (4) |
|---|---|
| | |

| 受験番号 | 氏　名 | |
|---|---|---|
| | | ※100点満点<br>（配点非公表） |

# 令和四年度　飯塚日新館中学校　入学試験国語問題 (45分)

注意　答えはすべて『解答用紙』に書きなさい

一

次の文章を読んで、あとの問いに答えなさい。

ところで、日本語の歴史を知ることには、どういう意味があるのでしょうか？　日本語の将来は、日本語を話す人々すべての問題です。日本語を生かすも殺すも、日本語を話す人々の考え方にかかっています。敬語をどうするのか？「言葉の乱れ」をどう考えるべきなのか？　これからの日本語をどういう方向に変えていくべきなのか？　①日本語を使っている人々一人一人が、考えてみるべき問題です。これらの問題を正しく考えるためには、日本語の※1盛衰《せいすい》の歴史を知っていることが必要です。

あなたは、今話している日本語がなくなったらどうなるかという問題を考えてみたことがあるでしょうか？　たとえば、英語だけで用をたさなくてはいけない状態になったとしたら？　むろん、㋐けんりょくで強要されれば、長い時間をかけて、英語だけを話すようになるでしょう。でも、英語という糸で織り成される文化は、日本語という糸でつむぎ出されていた織物とは全く異なっているのです。（　Ａ　）、日本語には擬《ぎ》音語・擬態語が豊かに存在します。けれども、英語にはあまりありません。すると、こんなことが起こります。

②鳩子《はとこ》さんは、そんな三好《みよし》さんをジロリと流し見た。

（源氏鶏太《けいた》『御苦労《ごくろう》さん』）

これは、日本語の文です。これを英語で言おうとすると、「ジロリ」という擬態語がうまく表現できないのです。藤《ふじ》田孝《たかし》・秋《あき》保《ほ》愼一《しんいち》編『和英擬音語・擬態語翻訳《ほんやく》辞典』（金星堂《きんせいどう》）では、この箇所《かしょ》をこう翻訳しています。

Hatoko cast a sharp side-long glance at him.

「鳩子は彼に鋭《するど》い横目を向けた」といった意味の英語になっています。これでは「ジロリ」の持っている、眼球を左から右へ（　Ｂ　）右から左へ移動する動きが、失われてしまいます。「ジロリ」は、単に「鋭い横目」という※2抽象《ちゅうしょう》的な言葉では表せないような、具体的で感覚的な意味を持つ言葉です。つまり、日本語で織り成されていた織物のもっていた独特の※3風《ふう》合《あ》いがなくなってしまったのです。母国語を失うということは、物の考え方、感じ方を失うということ。大げさに言えば、具体的で感覚的な日本文化が消えているのです。もちろんそれでもいいとおっしゃる方もいらっしゃるかもしれません。

そういう方は、是非《ぜひ》とも次の問題も考えてみてください。世界中の言語がすべて英語だけに㋑とういつされてしまったとします。（　Ｃ　）、どの地域からも英語という糸で織り成される織物しか出来てきません。それぞれの地域のもっていた独特の風合いが失われ、どの地域に行っても、どこに住んでも、同じ織物しかないのです。ということは、異なる織物同士の間で競争したり、刺《し》激しあったりすることがないということです。人は、努力をしなくなります。③人類の文化そのものが痩《や》せて廃《すた》れていきます。※4一元化の恐ろしいところです。

人類の文化が発展するのは、さまざまな素材があり、その素材によって織り成される文化が違うからこそなのです。違う文化同士が接触《せっしょく》し、互いに刺激しあい、総体として人間の文化が発展する。

日本語という素材を大切にし、いつくしむ心が、結局は人類を豊かにするわけです。※5国家主義ではありません。それぞれが自らの創意工夫を凝《こ》らしてつくりだした文化を大切にしあうことこそ、人類を救うと私は信じているのです。そして、④この認識を持っていれば、他民族に自国の言語を□したりするようなおろかな㋒真似をしないと信じているのです。

日本語の歴史を知るということは、日本語の将来を考え、日本語によってつむぎ出された文化そのものを大事にし、後世に伝えていく精神を培《つちか》っていくのに役立ちます。私たち人間は、よって立つところの母国語がなければ、文化をつむぎ出せないのです。

※1盛衰…物事が盛んになったりおとろえたりすること。
※2抽象的…具体性がなく、分りにくいさま。
※3風合い…手ざわりや外観などから受ける、織物や紙などの感じ。
※4一元化…いくつかに分かれている問題や組織などを一つにまとめること。
※5国家主義…国やその国の民族が栄えることを第一に考えること。

（山口仲美著『日本語の歴史』岩波新書より）

問一　〰〰線㋐から㋒までのひらがなは漢字で書き、漢字はひらがなで書きなさい。

問二　（Ａ）～（Ｃ）にあてはまる言葉として、最も適切な組み合わせを次の中から一つ選び記号で答えなさい。

ア　Ａ たとえば　Ｂ もしくは　Ｃ だが　　イ　Ａ すなわち　Ｂ しかし　Ｃ そして

ウ　Ａ つまり　Ｂ そして　Ｃ だから　　エ　Ａ たとえば　Ｂ あるいは　Ｃ すると

問三　――線①「日本語を使っている人々一人一人が、考えてみるべき問題です」とありますが、どのようなことについて考えるべきだと筆者は述べていますか。次の中から適切なものをすべて選び、記号で答えなさい。

ア　日本語をどういう方向に変えていくのかということ。

イ　敬語をどうするのかということ。

ウ　どのように日本語の盛衰を知っていくのかということ。

エ　「言葉の乱れ」をどのように考えるのかということ。

問四　――線②「鳩子さんは、そんな三好さんをジロリと流し見た。」とありますが、この文を英語で言おうとしたとき、どんなことが起こると筆者は述べていますか。「ジロリ」から始まり、「特有の動きを表せなくなること。」で終わるように、文章中の言葉を使って四十字以内で書きなさい。（句読点も一字に含む。）

問五　――線③「人類の文化そのものが痩せて廃れていきます」とありますが、そのようになる理由を述べた次の文の［　　］にあてはまる言葉を、文章中からさがして書きなさい。

［ⓐ三字］がなければ、お互いの［ⓑ二字］が［ⓒ二字］し、［ⓓ二字］したり、［ⓔ二字］しあったりせず、［ⓕ八字］しなくなるから。

問六　――線④「この」が指す内容にあたる部分を「～という認識」につながるように、文章中から三十五字以上四十五字以内でさがして、初めと終わりの四字を書きなさい。（句読点も一字に含む。）

問七　［　　］にあてはまる言葉を文章中からさがして書きなさい。

問八　この文章の内容を述べたものとして、最も適切なものを次の中から一つ選び記号で答えなさい。

ア　日本語を他の国の人々に理解してもらうことで、人類の文化が発展していく。

イ　さまざまな言語のなかで、日本語に限って独特の風合いをもっている。

ウ　文化のよりどころであるからこそ、母国語を大事にしなければならない。

エ　私たちは日本を豊かにするために、母国語を大切にすることが望まれる。

## 二

次の文章を読んで、あとの問いに答えなさい。

「あ、城山《しろやま》君のお母さんや」

藤川《ふじかわ》君の声に後ろをふり向くと、お母さんが教室の後ろに、よそゆきの着物を着て、にこにことしておられ、ハァちゃんはびっくりしてしまった。学校には月に一度参観日というのがあって、お母さんたちが参観に来られる。ところがこの月は、法事のためお母さんが来られないというと、広田先生は「いつでもいいから、暇《ひま》なときに是非《ぜひ》来てください、とお母さんに言っておいて」と言われた。

広田先生は授業が上手で評判だし、ハァちゃんのお母さんは昔、女子※師範《しはん》を卒業して小学校の先生をされていたとかで、先生は授業の後でお母さんの感想を聞くのを楽しみにしておられる。そんなわけで、今日は突然にお母さんが一人参観に来られたのだ。授業は、広田先生の得意な国語である。

「困ったことになった」。ハァちゃんはaやきもきしていた。「横着もん」になったハァちゃんは、最近は予習を全然していないのだ。予習しなくてもだいたいはうまくいった。算数はもちろんだが、国語も、何しろ本を読むのが好きだから、買ったときに教科書はひと通り読んである、というわけである。

国語の教科書は、新しい漢字が欄《らん》外に書かれているので、それを［A］見て、読めないのだけ調べておくといいのだが、①最近はそれもしなくなっていた。

「今日は、第二十三　漁村です」

広田先生の声に、さっと欄外の漢字に目をとおしたハァちゃんの顔が（②）なった。最初に、「磯」とあり、これがわからないのだ。文面からb類推しようとするが、山国に住んでいるハァちゃんには海の話はわかりにくい。それに、次に出てくる漢字は、他のはわかるとして、「岬」がわからないのだ。

「もう矢島の岬も見えない」

という文を、「矢島のカタチ、スガタ……」などと考えてみるが、そう考えはじめたので、「岬」が思いつかない。

「では読んでもらいましょう。読める人、手をあげて」

広田先生の声に、よく出来る子どもたちが威《い》勢よく、「ハイッ」と手をあげる。ハァちゃんもあげたいが、お母さんも来ておられるから、先生は絶対に当ててくれるだろう。そうすると「磯」でつまってしまう。ハァちゃんは［B］消しゴムを落として、それを㋐ひろっていて手があげられなかったような、あげたような、③われながら情けないことをする。

次に「岬」も控《ひか》えているし、ハァちゃんは落ち着かず、先生の話もちゃんと聞いていられない。いつもなら、ハァちゃんは参観日の花形だ。先生も自分の思いどおりのようにパッと反応するハァちゃんによく当てられるし、誰《だれ》もが答えられないときにちゃんと答えたりするので、ハァちゃんは参観日が好きなのだが、この日ばかりはさんざんである。へまばかりしている。「岬」はやっと「みさき」とわかったが、「山偏に甲とは変っとるな。山偏に乙《おつ》とか丙《へい》とか漢字あるんやろか」などと考えこんでいると、教室中が急に静かになった。［C］顔をあげると、皆がこちらを向いている。先生が何か質問されたらしい。

「先生、あの、山偏に甲でみさきですが、山偏に乙という漢字がありますか」

「ワー」と爆笑《ばくしょう》が起こった。先生も笑っておられるし、後ろを向くとお母さんまで笑っておられる。その顔を見ると、ハァちゃんはお母さんが急に憎《にく》らしくなってきた。

みぞれまじりの冷たい雨の中を帰りながら、ハァちゃんはお母さんに腹を立てていた。

「何で、参観日でもないのに、一人で来たりするんや！」

広田先生にも腹が立ってきた。

「考えごとしとるときに当てて、笑いもんにせんでもええやないか」

差していた傘《かさ》をあちこち振《ふ》りまわし、わざと雨に濡《ぬ》れながら帰宅し、ハァちゃんは④炬燵《こたつ》にもぐりこみ、ふて寝してしまった。

先生と話合いをして、おくれて帰ってきたお母さんは、「ハァちゃん、ハァちゃん」と呼ばれるが返事はない。ハァちゃんは目を㋑覚ましたが、黙って炬燵《こたつ》の中にもぐりこんでいる。

「ハァちゃん、ハァちゃん」

と呼ぶお母さんの声が不安を帯びてきた。どこかへ行ってしまったのか、心配になってきたお母さんは、とうとう炬燵でふて寝のハァちゃんを見つけだし、「こんなところに居たの、出てきなさい」と言われた。

お母さんの前に坐《すわ》っても、ハァちゃんはふてくされ、半分眠りそうな様子。

「ハァちゃん、誰でも調子狂《くる》うときあるから、別にあんなの構へんよ。ハァちゃんよく出来ること、お母さんよう知ってるし」

と優しい声で言われた。

「何も今頃になって優しい声で言わんでも……第一、参観日でもないのに、一人で来んでもよいんや」

言葉には出さなかったが、ハァちゃんは心の中で怒《いか》りまくっていた。それでも、

「ふん！」

という返事をしたときだった。

「バシッ！」

と強い音がして、ガラスが割れたように思ったがそうではなかった。ハァちゃんは⑤生まれてはじめて、ほおに平手打ちを喰《くら》った

のだ。

　城山家では、お父さんは㋒きびしいところがある人だが、子どもに手をあげることはされなかった。お母さんはもちろんである。それに、兄たちに守られているハァちゃんは他の子どもから殴《なぐ》られることもなかった。これは、ハァちゃんが生まれてはじめて受けた一撃《げき》であった。

「ワッ」と泣いて、ハァちゃんは思わずお母さんの膝《ひざ》に顔を埋《うず》めた。お母さんの膝は暖かった。何か前にもこんなことあったな、と思いながら、顔をあげると、お母さんと目が合った。優しい目だ。そして、お母さんの目にも涙があった。

「ハァちゃん、失敗は誰でもあるんや。なんぼ失敗しても、すねたらあかん。わかったやろ。すねたらあかんのやで」

　ハァちゃんはもうすねていなかった。それよりも、もっともっとすっきりとした気持だった。さっきの「バシッ」は氷の割れる音で、⑥氷が割れて春がやってくるような、そんな気持になっていた。

（河合隼雄著「泣き虫ハァちゃん」新潮文庫刊より）

※師範…師範学校の略《りゃく》。先生になるための学校。

問一　〰〰線㋐から㋒までのひらがなは漢字で書き、漢字はひらがなで書きなさい。
（送り仮名が必要な場合は正しく送ること。）

問二　［A］～［C］に入る最も適切な言葉を、次の中から一つずつ選び、記号で答えなさい。
ア　わざと　イ　もっと　ウ　ざっと　エ　ふと　オ　ずっと

問三　══線a「やきもきしていた」b「類推」の意味として最も適切なものを次の中から一つずつ選び、記号で答えなさい。

a「やきもきしていた」
ア　手に負えないということを悲しんでいた。
イ　物事がうまく運ばず、いらいらしていた。
ウ　思いどおりにならず、あきらめていた。
エ　自分より上手にできるものをうらやんでいた。

b「類推」
ア　一つの物事からおしはかって考えること。
イ　あることがらについてはっきり理解すること。
ウ　疑問に思ったことについて直感をたよりに確かめること。
エ　わからないながらも無理やりこじつけること。

問四　――線①「最近はそれもしなくなっていた」とありますが、そのような様子がどのような言葉で表現されていますか。文章中から四字で書きぬきなさい。

問五　（②）に入る言葉を考えて二文字で書きなさい。

問六　――線③「われながら情けないこと」をしたのはなぜですか。その理由として最も適切なものを次の中から一つ選び、記号で答えなさい。
ア　手をあげようとしたが、お母さんが来ていて、きんちょうしたから。
イ　勉強ができるところを、お母さんに見せられないのが、くやしかったから。
ウ　予習を全くしていないことが、みんなにばれてしまうのが、いやだったから。
エ　予習をせず、手があげられないことを、なんとかごまかそうとしたから。

問七 ――線④「炬燵にもぐりこみ、ふて寝してしまった」とありますが、この時のハァちゃんの気持ちとして最も適切なものを次の中から一つ選び、記号で答えなさい。

ア いつもは勉強ができる自分を、ここぞとばかりに笑った級友や、先生のことが憎らしいと思う気持ち。
イ へまばかりした自分自身へのいらだちを、笑いものにした級友や、いきなりあてた先生のせいにする気持ち。
ウ 参観日でもないのに来たお母さんや、手をあげてもいないのに当てた先生に対して腹を立てる気持ち。
エ いつもは勉強ができ、花形としてかつやくできる自分なのに、へまばかりして情けないと思う気持ち。

問八 ――線⑤「生まれてはじめて、ほおに平手打ちを喰らった」とありますが、お母さんは何のためにハァちゃんに平手打ちをしたのだと思いますか。文章中の言葉を使って三十字以内で書きなさい。（句読点も一字に含む。）

問九 ――線⑥「氷が割れて春がやってくるような、そんな気持ち」とありますが、このような気持ちになった理由を三十五字以内で書きなさい。（句読点も一字に含む。）

# 三

次の①から⑤が類義語の組み合わせになるように、（　　）に当てはまる漢字一字を書きなさい。

① 出世＝（　）身
② 方法＝（　）段
③ 短所＝（　）点
④ 音信＝消（　）
⑤ 収入＝所（　）

# 四

次のことわざの意味をそれぞれあとから一つずつ選び、記号で答えなさい。

① 魚心あれば水心
② 蛇《へび》に睨《に》まれた蛙《かえる》
③ 捕《と》らぬ狸《たぬき》の皮算用《かわざんよう》
④ 能ある鷹《たか》は爪《つめ》を隠《かく》す
⑤ 覆水盆《ふくすいぼん》に返らず

ア 一度したことは、取り返しがつかないということ。
イ 実力のある者ほど、それを表面に現さないこと。
ウ 相手が好意を持っていれば、こちらもまた好意を持つということ。
エ 手に入るかわからないものを当てに計画を立てること。
オ 苦手なものを前にして、身がすくんで手も足も出ないこと。

# 五

次の指定された言葉を使い、条件に従って二十字以上三十字以内の文を作りなさい。

・「以前」　「蛍《ほたる》」　（打ち消しの言葉で終わること。）

# 令和４年度　飯塚日新館中学校　**入学試験算数問題**

**注意**　答えはすべて『**解答用紙**』に書きなさい

(45分)

## 1

次の計算をしなさい。

(1) 123 − 45 ＋ 67 − 89 ＝ ［　　］

(2) 10 ＋ 12 ÷ 3 × 5 ＝ ［　　］

(3) 7.85 ÷ 3.14 ＝ ［　　］

(4) 144 ÷ ｛ 72 − （ 27 − 19 ） × 3 ｝ ＝ ［　　］

(5) $\frac{7}{6} - \frac{7}{10} + \frac{7}{15} =$ ［　　］

(6) $1\frac{2}{3} \times \left( 0.4 + \frac{5}{6} \times 7.8 - \frac{9}{10} \right) =$ ［　　］

(7) 7 × 32 ＋ 13.22 × 32 ＋ 4.22 × 68 ＋ 16 × 68 ＝ ［　　］

## 2

次の［　　］の中に，あてはまる数を入れなさい。

(1) 5 × 4 − ［　　］ ÷ 3 ＝ 14

(2) 算数のテストで５人の生徒の平均点は70点でした。このうち３人の平均点が68点であったとき，残りの２人の平均点は［　　点］です。

(3) 次の数の列は，あるきまりにしたがって並んでいます。

1，1，2，3，5，8，［ア］，21，34，55，………

この数の列で，［ア］にあてはまる数は［　　］です。

(4) 375 g は［　　kg］の 15 ％です。

(5) 6でわると3余り，8でわると5余る整数で，小さい方から3番目の数は［　　］です。

(6) 右の図のような（ア）～（エ）の４つの部分を，赤，青，黄の３色の絵の具を使ってぬりわける。3色すべての色を使って同じ色がとなり合わせにならないようにぬりわける方法は全部で［　　通り］あります。

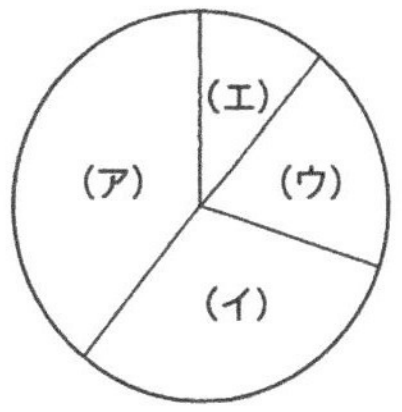


## 3

次の問いに答えなさい。

(1) 右の図の四角形 ABCD は正方形で，三角形 EBC は正三角形です。このとき，（ア）の角の大きさを求めなさい。

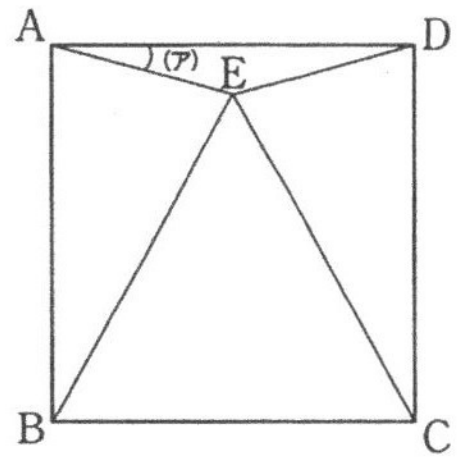


［　　度］

(2) 右の図の四角形 ABCD は平行四辺形です。色をつけた部分の面積が 12 ㎠ のとき，平行四辺形 ABCD の面積を求めなさい。

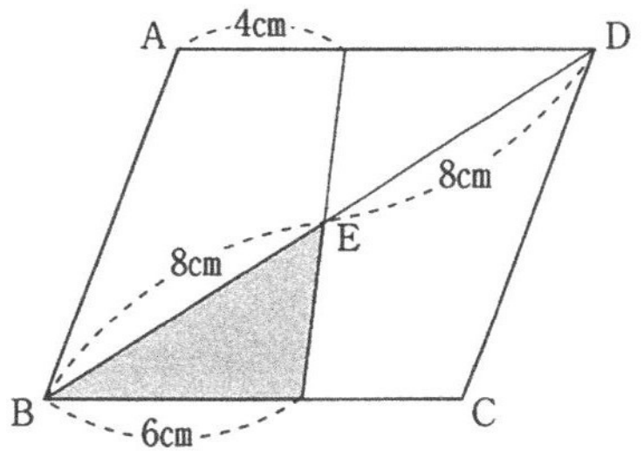


［　　$cm^2$］

## 4

次の問いに答えなさい。

(1) 落とした高さの $\frac{3}{4}$ だけはね上がるボールがあります。高さ2.4 mからボールを落とすと右の図のようにはねました。（ア）の高さは何 cmか求めなさい。

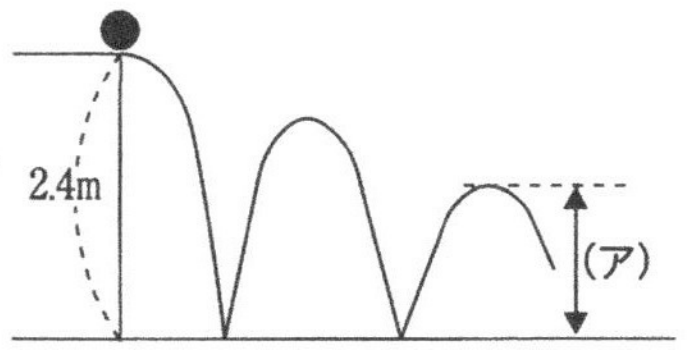


［　　cm］

(2) 時刻が10時ちょうどのとき，時計の長針と短針がつくる角度は60度です。このあと，長針と短針がつくる角度が初めて180度になるのは，10時［①］分から10時［②］分までの１分間です。①，②にあてはまる数の組を右の表から選び，ア～エの記号で答えなさい。

| | ① | ② |
|---|---|---|
| ア | 20 | 21 |
| イ | 21 | 22 |
| ウ | 22 | 23 |
| エ | 23 | 24 |

［　　］

**5** 下の図1は，1辺の長さが2 cmの立方体です。図2は図1の立方体を，1段，2段，3段，…と規則にしたがって積み重ねていった立体です。次の問いに答えなさい。

図1

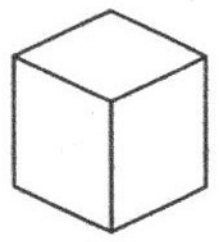

図2

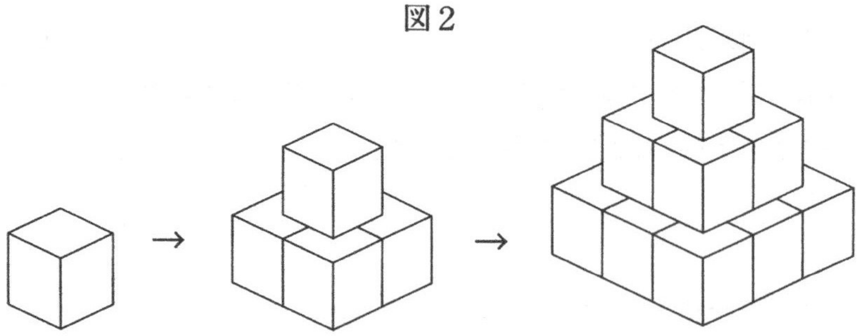

1段　　2段　　3段

(1) 図1の立方体の体積を求めなさい。

cm³

(2) 図2の3段の立体の体積を求めなさい。

cm³

(3) 図2で，5段の立体を作ったとき，その立体の表面積を求めなさい。ただし，表面積とは，外側から見ることができる全面積で，底面積も含みます。

cm²

(4) (3)の5段の立体について，表面全体（底面も含む）に赤い色を塗ったあと，これをばらばらにして，1辺の長さが2 cmの立方体にもどしました。このとき，それぞれの立方体で，赤い色が塗られていない部分の面積の合計を求めなさい。

cm²

**6** 公園の周りにランニングコースがあり，A君とB君は反対方向へ何周も周りながらランニングの練習をしています。A君はスタート地点から時計の針と同じ方向へ，B君はスタート地点とは異なるP地点から時計の針と反対方向へ同時にスタートしました。スタートして6分後に2人は初めて出会い，その4分後にA君はP地点を通過しました。また，2人が2回目に出会った後，A君は360 m進んではじめて自分がスタートした地点に戻ってきました。B君の速さが毎分120 mであるとき，次の問いに答えなさい。

(1) A君の速さは分速何mですか。

分速　　m

(2) 2人が出発してから2回目に出会うまでに，かかった時間は何分ですか。

分

(3) このランニングコース1周の長さは何mですか。

m

(4) 2人がP地点で2回目に出会うのは，出発してから何分後ですか。

分後

令和四年度

# 国語解答用紙

飯塚日新館中学校

一

問一 ㋐ ㋑ ㋒

問二

問三

問四 「ジロリ」

特有の動きが表せなくなること。

問五 ⓐ ⓑ ⓒ ⓓ ⓔ ⓕ

問六 初 ～ 終 という認識。

問七

問八

二

問一 ㋐ ㋑ ㋒

問二 A B C

問三 a b

問四

問五

問六

問七

問八

問九

三

① ② ③ ④ ⑤

四

① ② ③ ④ ⑤

五

受験番号

氏名

点数

※100点満点
(配点非公表)

令和４年度 **算 数 解 答 用 紙**

飯塚日新館中学校

**1**

| (1) | (2) |
|---|---|
| | |

| (3) | (4) |
|---|---|
| | |

| (5) | (6) |
|---|---|
| | |

| (7) |
|---|
| |

**2**

| (1) | (2) |
|---|---|
| | 点 |

| (3) | (4) |
|---|---|
| | kg |

| (5) | (6) |
|---|---|
| | 通り |

**3**

| (1) | (2) |
|---|---|
| 度 | $cm^2$ |

**4**

| (1) | (2) |
|---|---|
| cm | |

**5**

| (1) | (2) |
|---|---|
| $cm^3$ | $cm^3$ |

| (3) | (4) |
|---|---|
| $cm^2$ | $cm^2$ |

**6**

| (1) | (2) |
|---|---|
| 分速 m | 分 |

| (3) | (4) |
|---|---|
| m | 分後 |

※100点満点
（配点非公表）

| | |
|---|---|
| | 100 点 |

| 受験番号 | | 氏　名 | |
|---|---|---|---|

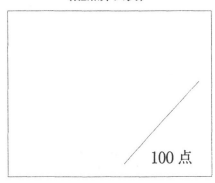

# 令和三年度　飯塚日新館中学校　入学試験国語問題

（45分）

注意　答えはすべて『解答用紙』に書きなさい

## 一

次の文章を読んで、あとの問いに答えなさい。問いは全て句読点を一字に含む。

重大な喪失《そうしつ》に直面し、大きな悲嘆《ひたん》を抱《かか》えている人々への援助《えんじょ》や支援《しえん》は、「グリーフケア」とよばれる。「グリーフケア」は、死別した人への支援を意味する言葉として㋐いぞくケアや死別ケアと同義的に使われているが、グリーフ（悲嘆）は死別を含む喪失全般《ぜんぱん》に対する反応であり、本来、グリーフケアは死別悲嘆へのケアだけを意味するわけではない。また「グリーフ＝悲しみ」という連想から、「心のケア」の印象が強いかもしれないが、その限りではない。

グリーフケアに関する㋑げんみつな定義は必ずしも定まっていないが、喪失後の心理的な適応過程を促進《そくしん》するとともに、喪失にともなう諸々の負担や困難を軽減するために行われる※包括的《ほうかつてき》な支援と捉《とら》えることができる。

（中略）

では、①身近な人が重大な喪失に直面したときに、周囲の人はどのように力になることができるだろうか？　まずは、『くまとやまねこ』（河出書房新社、２００８年）という絵本の一部を紹介したい。

なかよしのことりが死んでしまったあと、くまは、小さな箱を作り、花びらをしきつめことりをいれました。

いつも、どこへいくにも、くまはことりをいれたその箱を、もってあるくようになりました。

森のどうぶつたちが、たずねます。

「おや、くまくん。すてきな箱をもってるじゃないか。いったいなにが、はいってるの？」

けれど、くまが箱をあけると、みんなこまった顔をしてだまってしまいます。

それから、きまっていうのでした。

「くまくん、ことりはもうかえってこないんだ。つらいだろうけど、わすれなくちゃ」

②くまは、じぶんの家のとびらに、なかから　かぎをかけました。

（中略）

やがて出会ったやまねこは、箱のなかのことりをみて、いいます。

「きみは　このことりと、ほんとうになかがよかったんだね。ことりがしんで、ずいぶんさびしい思いをしてるんだろうね」

このあと、「くま」は、かつて一緒によくひなたぼっこをした日の当たる場所に「ことり」を埋《う》め、「やまねこ」とともに石を置き、花で飾《かざ》り、そして二人で一緒に新たな旅に出発するのである。

グリーフケアで最も基本となることは、相手の思いを尊重し、その思いにそっと寄り添《そ》う姿勢である。重大な喪失を経験した人の思いはさまざまであり、その人の思いはそのまま尊重する必要がある。絵本のなかで「くま」が出会った「やまねこ」のように、そのままの自分を受けとめてくれる人の㋒そんざいはとても心強く、一歩ずつ前に進む勇気につながるであろう。

逆に、相手の気持ちを考えずに、一方的なアドバイスを与えるのは「やさしさの押しつけ」になりかねない。みずからの経験などをもとに、良かれと思ってついつい「こうしたほうがいい」「ああしないほうがいい」と助言しがちであるが、向き合い方やペースは人それぞれである。当事者の気持ちというのは、深い部分まではやはり本人にしかわからない。押しつけがましくない、節度あるやさしさが求められる。

つらい思いをしている人を前にすると、私たちはついつい何か特別なことをしなければと思いがちである。（　Ａ　）、身近な人であれば、気の利いた言葉を無理に発しなくても、これまでと変わらぬ態度で、普段通りに接することが㋓のぞましいかもしれない。言葉はなくても、ただそばにいて、ともに悲しむだけでも、ときに救いになる。自分を気にかけてくれている人がいると思えるだけで、人は安心できるのである。

（中略）

重大な喪失の直後は、そっとしておいて欲しいと希望する人もいる。連絡を取ろうとしても、無視されたり、冷たい態度を取られたりすることもあるかもしれない。あまりあせらずに、少し距離《きょり》をとって、温かく見守ることも場合によっては必要である。その際には、[　③　]などと一言伝えておくといいだろう。

とにかくじっくりと本人の話に耳を傾《かたむ》けることも一つである。みずからの体験を誰かに聞いてもらうことで、本人の気持ちが少し楽になることもある。（　Ｂ　）、その人が話したくないというのであれば、無理に当時の状況《じょうきょう》や気持ちを聞き出すのは避《さ》けるべきである。話を聞く際のポイントとして、聞いているのがつらい話でも、話をさえぎったり話題を変えたりしないように意識することがのぞましい。また、事実の確認や分析ではなく、その人が今何を思い、どう感じているかをそのまま受けとめることが大切である。

重大な喪失のあとに必要とされるのは、必ずしも精神面でのサポートだけではない。日々の生活を送ること自体が難しいこともある。買い物や食事の支度《したく》、子どもの世話、ペットの散歩など、身の回りのちょっとした手伝いが必要かもしれない。

（坂口　幸弘著「喪失学」光文社新書より）

※包括的…幅広く全体を含んでいる様子。

問一　〰〰線㋐から㋓のひらがなを漢字に直しなさい。（送り仮名が必要な場合は正しく送ること。）

問二　[困難]と反対の意味の言葉を漢字二字で書きなさい。

問三　（　Ａ　）・（　Ｂ　）に入るつなぎ言葉として最も適切なものを次のア～オの中から一つずつ選び、それぞれ記号で答えなさい。

ア　例えば　　イ　したがって　　ウ　しかし　　エ　ただし　　オ　だから

問四　――線①とありますが、周囲の人に必要とされることはどんなことですか。次のように二つにまとめた文の（　）にあてはまる言葉をそれぞれ八字で文章中から探し、書きぬきなさい。

・相手の思いにそっと寄り添い、その人の思いを（Ⅰ・八字）ことが必要である。
・相手の気持ちを考えない「やさしさの押しつけ」や助言ではなく、（Ⅱ・八字）が必要となる。

問五　――線②とありますが、くまがこのような行動を取ったのはなぜですか。文章中の言葉を用いて、四十字以内で書きなさい。

問六　[　③　]に入る言葉として最も適切なものを次のア～エの中から一つ選び、記号で答えなさい。

ア　「また連絡するね」
イ　「次は何か話してね」
ウ　「何かあれば知らせてね」
エ　「もう連絡しないでおくね」

問七　「グリーフケア」に対する筆者の考えにあてはまるものを次のア～オの中から二つ選び、記号で答えなさい。

ア　「グリーフケア」とは、重大な喪失、つまり死別悲嘆のさまざまな心理的支援の総称のことである。
イ　「グリーフケア」では、精神面だけでなく、身体的なサポートも必要となる場合がある。
ウ　「グリーフケア」において、自ら話したがらない当事者には、何も声をかけず、そっとしておく方がよい。
エ　「グリーフケア」では、当事者の思いを尊重した上で、さまざまな方面からアドバイスを行うべきである。
オ　場合によっては、普段と変わらず接したり、ただそばにいるだけでも「グリーフケア」となる。

問八　なかよしの花子さんが、昨日愛犬を亡くして落ち込んでいます。本文に述べられている「グリーフケア」の中で、あなたならどの「グリーフケア」を花子さんに行いますか。理由を含《ふく》めて二文で書きなさい。

# 二

次の文章を読んで、あとの問いに答えなさい。問いは全て句読点を一字に含む。

チヅルがその子と会ったのも、やっぱり学校から帰るなり、ランドセルを玄関ごしに家の中に放《ほう》りなげて、ハイシャ車庫めがけて走り、約束していた誰《だれ》よりも早く、※枕木《まくらぎ》を㋐積んであるてっぺんによじのぼったときだった。

一番のりだとばかり思って、枕木のてっぺんによじのぼってみると、その子がちゃっかり、てっぺんに腰《こし》をおろして、足をぶらぶらさせていたのだった。

チヅルが驚《おどろ》いたのは、その子を見たことがないせいもあったが、なによりも、その子がズボン吊《つ》りのついた青い半ズボンをはいて、女子が着るような白いブラウスみたいなものを着て、あげくに白いハイソックスをはいていたことで、①そんなカッコは、小学校の鼓笛隊《こてきたい》のマスゲームでしか見たことがないだけに、

（五年生だろうか。きょうは、鼓笛隊のなんかがあったのかな）

一瞬《しゅん》だけ、ひるんだ。

チズルたちの小学校には、鼓笛隊という、児童会に匹敵《ひってき》するほどの花形集団があり、そんじょそこいらのコが、入ろうと思って入れるものではないのだった。四年生から入隊資格があるのだが、まず、クラスで②センセーのおめがねにかなわないと試験を受けさせてもらえない。そうして、ただの隊員でも、リコーダーの試験があるのだ。

チヅルは小学二年生のとき、たった一年だけだが、ヤマハのオルガン教室に㋑通っていたことがあり、内心では、そのキャリアをつかって、鼓笛隊のアコーディオンを熱望しているのだが、四年生はどんなに音楽がよくても、リコーダーしかさせてもらえないので、

（③勝負は五年生になってからだ！）

とひそかに期するところもあり、いまのところは入隊試験は受けていなかった。

ナワバリを侵《おか》した罪《つみ》は罪《つみ》として、相手が鼓笛隊員で、なおかつ五年生以上の上級生ということになると、なにかと出方にも気をつかわなくてはならず、チヅルはじろじろと注意ぶかく、その子を見た。あんた、だれさといいかけたとき、

「こんにちは、きみ、このへんのコ？」

とその子がいい、それを聞いたとたん、チヅルはぎょっとなって息をのみ、

（④東京の子だ！）

とすっかり慌《あわ》ててしまった。

東京の子――というのは、べつに深い意味はないのだが、ようするに〈⑤マチの子〉という言い方の、チヅルなりの最上級のヤツだった。

チヅルはなんとなく、踏切《ふみきり》のむこうの、駅やデパートや、大きな病院やにぎやかな商店街や㋒市場があるところを、〈マチ〉と呼んでおり、マチの子はナマイキだがカッコがよく、不良も多いが、大人びている、ような感じがするのだった。

そうして東京というのは、二年前のオリンピックをテレビでみたとき以来、一番大きな〈マチ〉だと感じており、〈東京の子〉というのはつまり、すごいマチの子という、チヅルなりの感じ方なのだった。

東京の子なら、鼓笛隊のマスゲームのときしか着ないような、白いブラウスも半ズボンもふだんに着るかもしれず、こうなると、相手が鼓笛隊員よりも上級生よりも、もっとタチがわるいような気がして、チヅルはゆだんなく、目をぎらぎらさせて、その子を㋓上目づかいににらんだ。

「ぼく、内田久義っていうんだ。きみは？」

「植野チヅル」

「ふうん。植野さんか。植野さん、あれ、なんだい」

と内田久義が指をさしたのは、セイタカアワダチソウやら、そのなかにぽつぽつとみえるニワトリソウやらハルジョオンやらにかこまれたハイシャ車庫だった。

「あれは　ハイシャ車庫」

とおっかなびっくり、それでも内心では、東京の子なんかに負けるもんかと、

（ふん。女子みたいなしゃべり方する）

となんとかバカにできるところをさがしながらいうと、内田久義はおもしろそうに目を細めて、

「へえ。廃車《はい》かあ。あの中には、もう使わなくなった汽車なんか、はいってるのかなあ」

といいだしたので、チヅルはすっかり驚《おどろ》いて、ひとまずバカにするのはのけて、

「汽車が入ってるのかい?」

思わずしらず身をのりだして、訊《たず》ねてしまった。

すると内田久義は、女子みたいに大きな、茶色がかった目をおっとりと開いて、

「だって、廃車車庫だろう?」

ひどく、ゆっくりと訊ね返してくるので、チヅルはますます混乱してきた。ハイシャが、使わなくなった汽車のことだなどとは、これまで、考えてもみなかったのだった。

とてものことに、つい一、二年前までは、ハイシャ車庫というのはなにか歯医者に関係があるのだろう、きっと車庫のなかには、歯医者で使うようなガリガリと音のする機械やら、あの大きなイスやらがズラーッと並んでいるのだろうと想像しては、そういう、ずぼしの想像をしているのは自分ひとりだろうと⑥自慢《じまん》に思っていたことなど、恥《は》ずかしくて、いえなくなってしまい、それにつけても、

(よかった。まだ、だれにもいってなくて)

とホッとせずにはいられなかった。

※枕木…線路の下にかんかくをおいてしき並べて、線路を支える角材またはコンクリート製の棒。

(氷室　冴子著「いもうと物語」新潮文庫刊より)

**問一**　〰〰線㋐から㋓の漢字の読みをひらがなで書きなさい。

**問二**　――線①「そんなカッコは、・・・見たことがない」とありますが、「そんなカッコ」を見たときのチヅルの気持ちとして最も適切なものを次のア～エの中から一つ選び、記号で答えなさい。

**ア**　気後れ　**イ**　あこがれ　**ウ**　残念　**エ**　軽べつ

**問三**　――線②「センセーのおめがねにかなわないと」の意味として、最も適切なものを次のア～エの中から一つ選び、記号で答えなさい。

**ア**　先生の言うとおりにしないと

**イ**　先生のいつも近くにいないと

**ウ**　先生にひいきにしてもらわないと

**エ**　先生にみとめてもらわないと

**問四**　――線③「勝負」とありますが、チヅルにとって「勝負」に勝つとは、どのようになることですか。「鼓笛隊」「担当《たんとう》」という言葉を使って、二十五字以内で説明しなさい。

**問五**　――線④「東京の子だ!」とありますが、「東京の子」という言葉にチヅルはどのような意味をこめていますか。文章中から七字で書きぬきなさい。

**問六**　――線⑤「マチの子」とありますが、チヅルは「マチの子」に対して、どのような印象を持っていますか。良い印象と悪い印象に分けてそれぞれ十字以上十五字以内で書きなさい。

問七　——線⑥「自慢に思っていた」とありますが、チヅルはなぜ「自慢に思っていた」のですか。次の（　　）に当てはまる言葉を、Aは文章中の言葉を使って三十字以内でまとめ、Bは文章中から六字で書きぬきなさい。

・ハイシャ車庫について、自分ひとりが、（　A　）という（　B　）をしていると思っていたから。

問八　この文章の中で描《えが》かれているチヅルの性格として最も適切なものを次のア～エの中から一つ選び、記号で答えなさい。

ア　おおざっぱだが、責任感の強い性格。
イ　おてんばで負けずぎらいな性格。
ウ　人見知りで用心深い性格。
エ　恥《は》ずかしがり屋だが、しんの強い性格。

問九　次のア～エがこの文章の特徴として当てはまる場合には○を、当てはまらない場合には×を書きなさい。

ア　一つ一つの文を短くすることで、リズムよく話が展開している。
イ　カタカナを効果的に用いることで、主人公の気持ちがとらえやすくなっている。
ウ　擬《ぎ》態語を多く用いることで、その場の様子が想像しやすくなっている。
エ　二人の会話を中心にすることで、めまぐるしく場面が展開している。

## 三

次の文の（　）の字数に合わせて、下の〈　〉の中の言葉を特別な言葉を使った敬語になおして、ひらがなで書きなさい。

①　お昼頃に父がそちらへ（　四字　）と思います。　〈行く〉
②　お客様におみやげを（　四字　）た。　〈もらう〉
③　先生が僕の絵を（　六字　）。　〈見る〉
④　校長先生が「がんばれよ」と（　五字　）ました。　〈言う〉

## 四

あとの言葉の意味を表す慣用句になるように、（　）に当てはまる言葉を書きなさい。

①　（　　）をなでおろす。
・ほっとする。
②　（　　）を投げる。
・見こみがないとあきらめて手を引く。
③　（　　）に流す。
・前にあったもめごとなどを、全部なかったことにする。
④　（　　）がかたい。
・言ってはいけないことを、決して他人に言わない。
⑤　（　　）が棒になる。
・長く立っていたり、たくさん歩いたりしてひどくつかれる。

## 五

「～にすぎない」という言葉を使って短文を作りなさい。

# 令和３年度　飯塚日新館中学校　入学試験算数問題　(45分)

**注意　答えはすべて『解答用紙』に書きなさい**

## 1　次の計算をしなさい。

(1) $20001 - 9753 - 6804 =$ ［　　］

(2) $36 - 12 \div 6 =$ ［　　］

(3) $\frac{4}{15} + \frac{5}{6} - \frac{9}{10} =$ ［　　］

(4) $23 - \{24 - 4 \times (8 - 4)\} =$ ［　　］

(5) $2\frac{1}{12} \div 1.25 - \frac{4}{5} \times (1.5 - \frac{1}{3}) =$ ［　　］

(6) $1.25 \times 2020 \times 4 \times 0.8 \times 0.25 =$ ［　　］

(7) $76 \times 99 + 153 \times 11 + 77 \times 9 =$ ［　　］

## 2　次の［　　］の中に，あてはまる数を入れなさい。

(1) $52 - 19 \times$ ［　　］ $= 14$

(2) ある競歩の選手は4時間で50 kmの道のりを歩きます。この選手が20 kmの道のりを歩くときにかかる時間は［　　時間　　分］です。

(3) 1500円で仕入れた品物に2割の利益を見込んで定価をつけたが，売れなかったので定価の10％引きで販売した。このときの利益は［　　円］です。ただし，消費税は考えないものとします。

(4) 次の数の列は，あるきまりにしたがって並んでいます。

1，3，7，15，31，………

この数の列で，最初からかぞえて10番目にくる数は［　　］です。

(5) あるクラスには35人の生徒がいます。このクラスで，ラーメンとうどんの好ききらいについて調査をしたところ，ラーメンが好きと答えた生徒は18人，うどんが好きと答えた生徒は16人，どちらとも好きと答えた生徒は7人いました。ラーメンとうどんのどちらもきらいと答えた生徒は［　　人］です。

(6) ある整数を，7でわった商を小数第一位で四捨五入すると4になり，その整数を3でわった商を小数第一位で四捨五入すると8になりました。もとの整数は［　　］です。

## 3　次の問いに答えなさい。

(1) 下の図の三角形ABCでAC＝DC＝ECのときアの角の大きさを求めなさい。

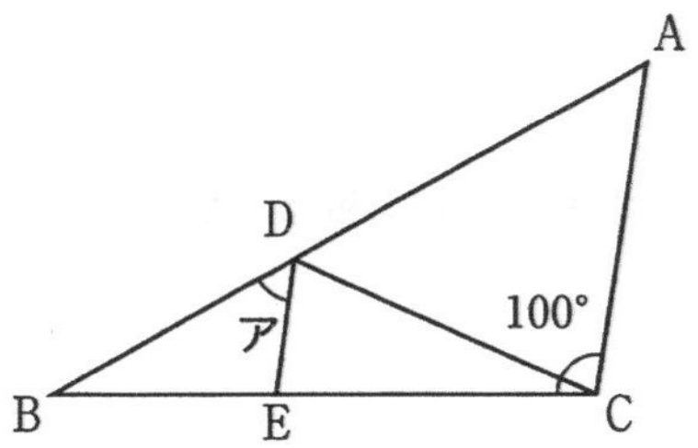


［　　度］

(2) 下の図は，5個の正方形を十字形に並べたものです。AB = 20 cmのとき，正方形1つの面積を求めなさい。

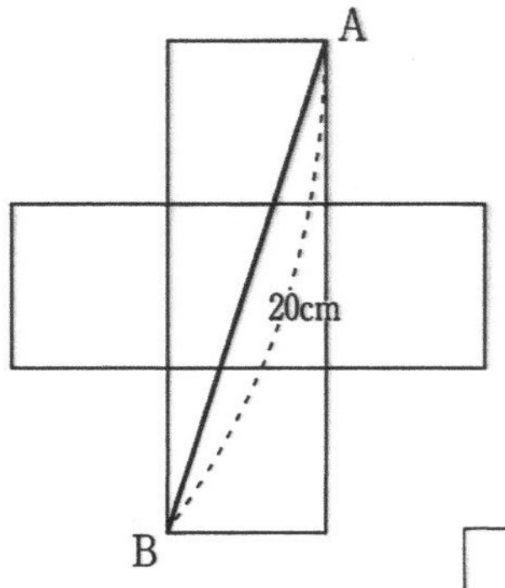


［　　$cm^2$］

## 4　次の問いに答えなさい。

(1) 貯金箱の中には，500円硬貨，100円硬貨，50円硬貨があわせて3700円分入っています。3種類の硬貨の枚数は，100円硬貨は500円硬貨の4倍で，50円硬貨は100円硬貨の2倍より4枚少ないそうです。貯金箱に入っている100円硬貨の枚数を求めなさい。

［　　枚］

(2) 何人かの子どもにみかんとりんごを配ります。1人にみかんを5個とりんごを3個ずつ配っていくと，何人目かでりんごがちょうどなくなったとき，みかんが8個残りました。そこで，最初から1人にみかんを7個とりんごを3個ずつ配り直すと，みかんがちょうどなくなったとき，りんごは18個残りました。最初にあったりんごの個数を求めなさい。

［　　個］

## 5

下の図1は，1辺の長さが6cmの正方形ABCDで，点Eと点Fはそれぞれ辺AB，ADの真ん中の点です。図2は図1の正方形をCE，CF，EFで折り曲げてできた三角すいです。次の問いに答えなさい。

図1

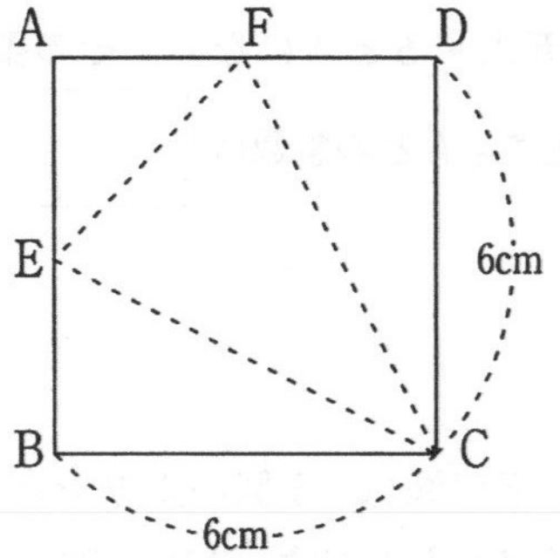


図2

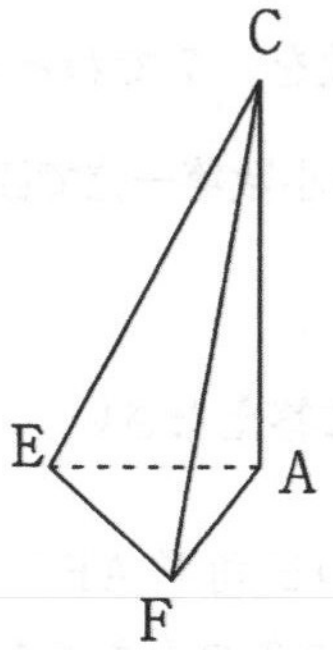


(1) 図1の三角形CEFの面積を求めなさい。

$cm^2$

(2) 図2の三角すいの体積を求めなさい。ただし，角すいの体積は(底面積)×(高さ)÷3であるとします。

$cm^3$

(3) 右の図3の色のついた部分は四角すいの展開図で，1辺の長さが12cmの正方形から底辺が12cm，高さが3cmの二等辺三角形を4つ切り取ってできたものです。この展開図を組み立ててできる四角すいの体積を求めなさい。

図3

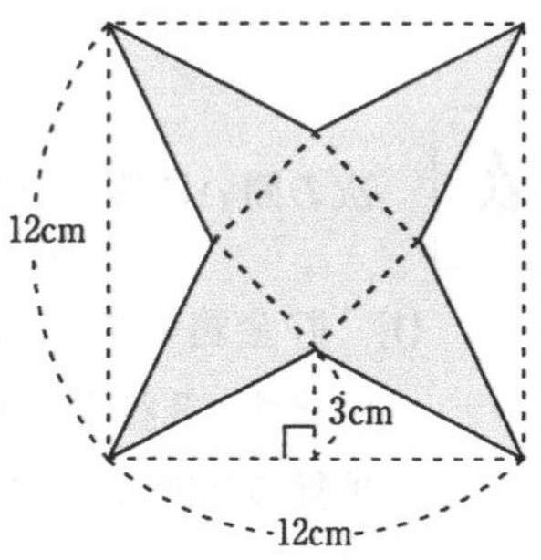


$cm^3$

(4) 右の図4の立体に，図2の三角すいを4つつけると立方体になります。図4の立体の表面積を求めなさい。ただし，表面積とは外側から見ることができる全面積で，底面積も含みます。

図4

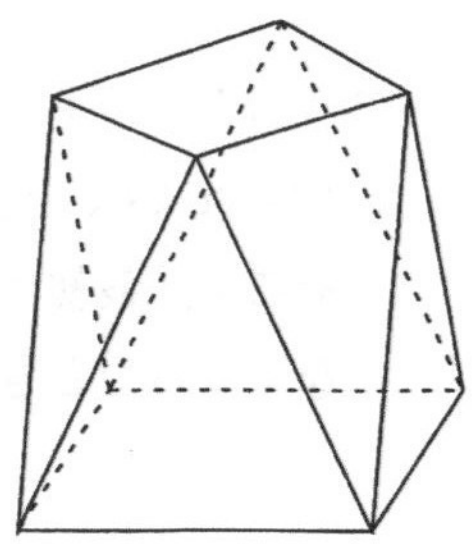

$cm^2$

## 6

図1のように，正方形を2つつなげた図形Aと，正方形Bが，直線アの上においてあります。いま，図形Aを直線アにそって毎秒1cmの速さで矢印の方向に動かしました。(図2，図3)図4のグラフは，図形Aが動き始めてからの時間と，図形Aと正方形Bが重なった部分の面積の関係を表したものです。次の問いに答えなさい。

図1

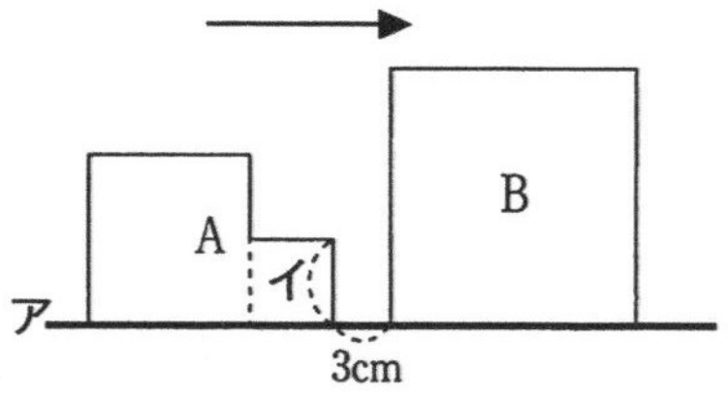


図2

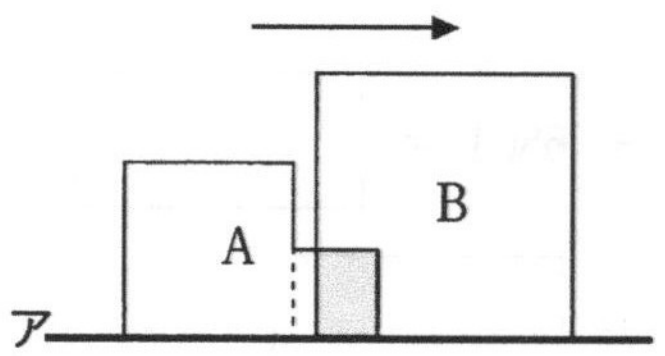


図3

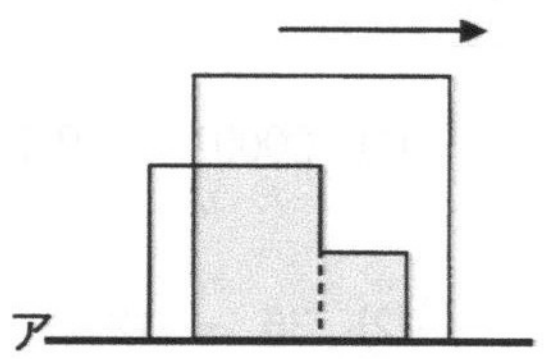


図4

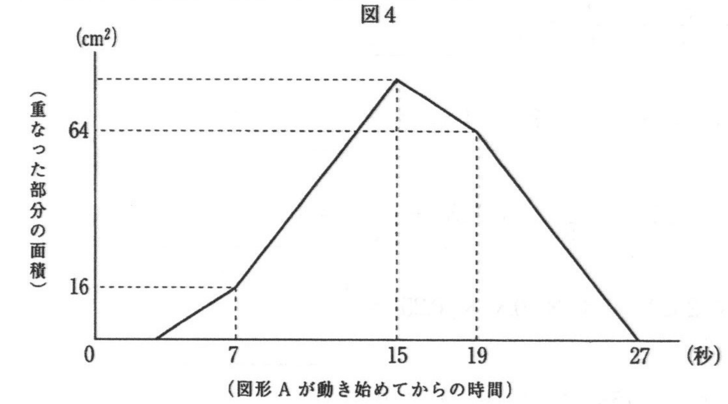


(1) 図1で，イの部分の長さを求めなさい。

cm

(2) 図形Aの面積を求めなさい。

$cm^2$

(3) 正方形Bの面積を求めなさい。

$cm^2$

(4) 重なった部分の面積が，2回目に48 $cm^2$ になるのは，図形Aが動き始めてから何秒後ですか。

秒後

# 令和三年度 国語解答用紙

飯塚日新館中学校

一

問一 ㋐ ㋑ ㋒ ㋓

問二

問三 A B

問四 Ⅰ Ⅱ

問五 20 40

問六

問七

問八

二

問一 ㋐ んで ㋑ って ㋒ ㋓

問二

問三

問四 25 20

問五

問六 良い印象 10 15 悪い印象 10 15

問七 A 20 30 B

問八

問九 ア イ ウ エ

三

① ② ③ ④

四

① ② ③ ④ ⑤

五

※100点満点
（配点非公表）

| 受験番号 |
| --- |
| |
| 氏　名 |
| |
| 点 |

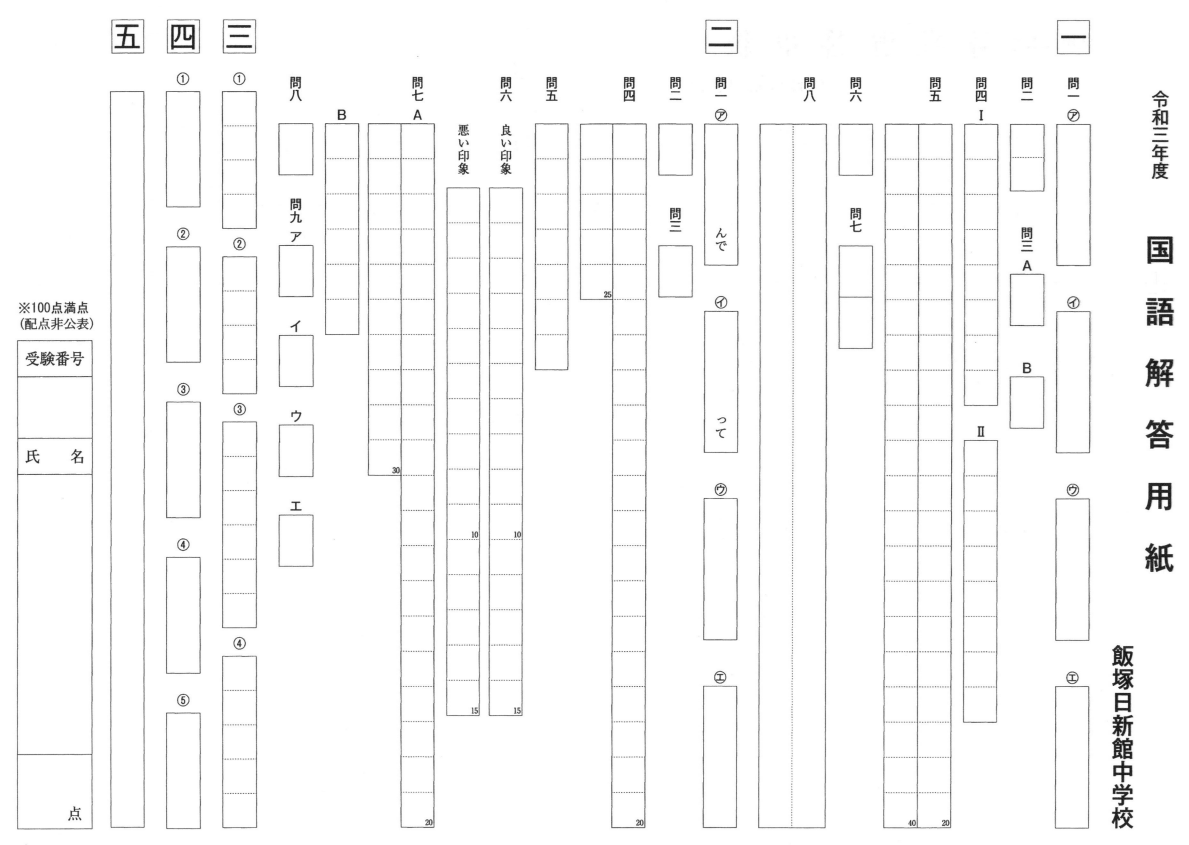

# 令和３年度 算数解答用紙

飯塚日新館中学校

| 1 | | |
|---|---|---|
| | (1) | (2) |
| | | |
| | (3) | (4) |
| | | |
| | (5) | (6) |
| | | |
| | (7) | |
| | | |

| 2 | | |
|---|---|---|
| | (1) | (2) |
| | | 時間　　　分 |
| | (3) | (4) |
| | 円 | |
| | (5) | (6) |
| | 人 | |

| 3 | | |
|---|---|---|
| | (1) | (2) |
| | 度 | $cm^2$ |

| 4 | | |
|---|---|---|
| | (1) | (2) |
| | 枚 | 個 |

| 5 | | |
|---|---|---|
| | (1) | (2) |
| | $cm^2$ | $cm^3$ |
| | (3) | (4) |
| | $cm^3$ | $cm^2$ |

| 6 | | |
|---|---|---|
| | (1) | (2) |
| | cm | $cm^2$ |
| | (3) | (4) |
| | $cm^2$ | 秒後 |

| 受験番号 | | 氏　名 | |
|---|---|---|---|

（配点非公表）

| |
|---|
| 100点 |

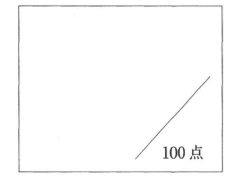